Frank Hamm

Rheinhessen
Wanderungen für die Seele
20 Wohlfühlwege

Droste Verlag

ALLE WANDERUNGEN AUF EINEN BLICK

TOUR 1: AUEN UND KAISER — 7
Die Auen der Kaiserpfalz-Stadt
9,6 km | 10 Hm | 3 Std. | Rundweg

TOUR 2: WILDE TULPEN — 15
Der Kulturweg bei Gau-Odernheim
9,3 km | 153 Hm | 3 Std. | Rundweg

TOUR 3: HIWWEL UN WINGERT — 23
Hügel und Weinberge bei Zornheim
10,6 km | 178 Hm | 3,5 Std. | Rundweg

TOUR 4: UM LAURENZIBERG — 33
Kloster und Bach bei Laurenziberg
11,5 km | 161 Hm | 4 Std. | Rundweg

TOUR 5: ALTE GRENZE — 41
Auf der Tiefenthaler Hiwweltour
12,5 km | 157 Hm | 4 Std. | Rundweg

TOUR 6: DICHTER UND RITTER — 49
Von Nackenheim nach Bodenheim
10,6 km | 214 Hm | 3,5 Std. | Streckenweg

TOUR 7: REBEN UND KIRCHE — 59
Über und durch Oppenheim
6,9 km | 126 Hm | 3 Std. | Rundweg

TOUR 8: TÜRME UND FLUSS — 67
Am Roten Hang über Nierstein
11,7 km | 156 Hm | 3,5 Std. | Rundweg

TOUR 9: PEST UND KANONEN — 77
Auf dem Rochusberg über Bingen
7,3 km | 158 Hm | 2,5 Std. | Rundweg

TOUR 10: ÜBER DEN HÄNGEN — 85
Umrundung des Wißbergs
11,4 km | 217 Hm | 3,5 Std. | Rundweg

TOUR 11: TÜRME UND HOHLWEGE   97
Von Alsheim nach Guntersblum
10,4 km | 132 Hm | 3,5 Std. | Streckenweg

TOUR 12: STEIN UND WEIN   107
Flonheim, Bornheim und Lonsheim
13,5 km | 173 Hm | 4,5 Std. | Rundweg

TOUR 13: BURGUND UND GRÜN   119
Bei Wörrstadt und Neuborn
8 km | 96 Hm | 2,5 Std. | Rundweg

TOUR 14: UNTER KIEFERN   127
Erholung bei Mainz-Gonsenheim
7,4 km | 82 Hm | 3 Std. | Rundweg

TOUR 15: ZURÜCK ZUR NATUR   135
Durch Mainzer Konversionsflächen
8,4 km | 18 Hm | 3 Std. | Rundweg

TOUR 16: ENUFF UN ENUNNER   143
Zur Mainzer Höhe bei Schwabenheim
13,5 km | 223 Hm | 4,5 Std. | Rundweg

TOUR 17: TERROIR UND HÜGEL   153
Rund um Stadecken-Elsheim
7,6 km | 171 Hm | 2,5 Std. | Rundweg

TOUR 18: KUNST UND KULTUR   163
Über und in Alzey
7,5 km | 109 Hm | 2,5 Std. | Rundweg

TOUR 19: AUSGEBUDDELT   171
Der Altrheinerlebnispfad bei Eich
6 km | 4 Hm | 2 Std. | Rundweg

TOUR 20: NATUR IM TAL   181
An der Pfrimm im Zellertal
12,4 km | 131 Hm | 4 Std. | Rundweg

Liebe Wanderfreunde und Entspannungssuchende,

noch vor wenigen Jahren war Rheinhessen nur als Deutschlands größte Weinregion bekannt. Mittlerweile wird das Land als eine sympathische kleine Region mit hohem Erholungswert wahrgenommen. Dazu trägt nicht zuletzt die steigende Zahl von Qualitätswanderwegen im Land bei. Doch auch jenseits fester Pfade stößt man oft unvermutet auf kleine Schätze.

Ich lade Sie ein, gemeinsam mit mir bei Wanderungen das Hügelland im Dreieck zwischen Mainz, Worms und Bingen zu erkunden. Tauchen Sie ein in das rheinhessische Flair, in die Magie der tausend Hügel und schlendern Sie durch Weinberge, über Hügel, durch Täler und durch Ortschaften. Statt spektakulärer Touren mit einer überbordenden Anzahl an Sehenswürdigkeiten entdecken wir Kleinode in der Natur, wandeln auf historischen Spuren und erfahren viel über die Geschichte und Kultur dieser Gegend, die jahrhundertelang von unterschiedlichsten Kleinfürsten, fremden Herrschern oder gar Besatzern geprägt war.

Rheinhessen ist eine der sonnenstärksten und trockensten Regionen Deutschlands. So empfiehlt sich bei den meisten Wanderungen, für Sonnenschutz und Getränke zu sorgen. Die Entwicklung Rheinhessens zur Wander- und Ausflugsregion ist noch recht frisch und so sollte beim Wandern immer eine kleine Rucksackverpflegung dabei sein. Doch natürlich gibt es trotzdem viele Gelegenheiten zum Verweilen. Und während die Tour kulinarisch und bei einem guten Glas Wein ausklingt, lässt sich bereits der nächste der 20 Wohlfühlwege durch die Region der bodenständigen Lebenskunst planen.

Viel Freude und Gelassenheit beim Wandern für die Seele wünscht

Ihr entspannender Frank Hamm

NATUR-INFO

KULTUR-INFO

TOUREN-/EVENT-INFO

GENUSS-INFO

- ❇ 9,6 Kilometer
- ❇ 10 Höhenmeter
- ❇ 3 Stunden
- ❇ Rundweg

Am Rhein in der Ingelheimer Aue

Auszeittour 1

Auen und Kaiser
Die Auen der Kaiserpfalz-Stadt

Unsere Wanderung beginnen wir wenige Meter unterhalb des Parkplatzes, wo wir uns an Informationstafeln über die Jungaue informieren. Wir beschreiten den Weg flussaufwärts nach rechts am Wegezeichen für den Erlebnispfad Jungaue vorbei. Es ist ein viereckiger Holzpfosten mit einem geschnitzten Barfußsymbol. Einen Teil der Wanderung werden wir auf dem Erlebnispfad zurücklegen. Nach wenigen Metern schreiten wir unter weit ausladenden **Trauerweiden** ❶ und genießen den Blick auf den Fluss, wo die Rheinfähre zwischen der Ingelheimer Hafenmole und der hessischen Seite verkehrt. Nachdem wir die Weiden hinter uns gelassen haben, können wir den Blick auf die große Wiese richten, wo das jährliche Ingelheimer Hafenfest stattfindet.

Eine Brücke führt uns über die Selz, die nach 61 Kilometern in den Rhein mündet. Auf einer Informationstafel ist zu lesen, wie weitgehend die Ufergegenden von Natur- in Kulturlandschaften verändert wurden. An der Stelle, an der von rechts ein Weg einmündet, geben wir an einem Holzmodell, in dem zwei Flussverläufe nachgebaut sind, unserem Spieltrieb nach. Danach nutzen wir den Weg nach rechts für einen kleinen Abstecher von 100 Metern und besteigen eine **Aussichtsplattform** ❷. Hier haben wir eine gute Übersicht über die Auenlandschaft.

Wir kehren zum Flussufer zurück und schlendern nach rechts weiter. Immer wieder erhaschen wir zwischen den Bäumen einen Blick auf den Rhein. Nach etwa 2 Kilometern nähert sich der Bewuchs auf der

Erst im Laufe der Jahrhunderte und seit der Rheinbegradigung ab dem frühen 18. Jh. entstanden hier Auen in der jetzigen Form. Davor war der Rhein sehr kurvig, bis zu 3 Kilometer breit und wechselte oft den Lauf.

Häufige Vögel in der Jungaue sind Stockenten, Grau-, Kanada- und Nilgänse, Kormorane und Höckerschwäne. Im Winter sind auch Reiher-, Tafel- und Schellenten zu beobachten.

Auszeittour 1

Aussichtsplattform

Alte Sandlach

Die Alte Sandlach bezeichnet einen Rheinarm, der eine Aue vom Festland trennt. Durch Ausbaggern wurde der Altarm wieder zu einem Teil des Fluss-Ökosystems. Mit ihrer Länge von etwa 3,5 Kilometern ist die Alte Sandlach heute wieder ein wertvoller Lebensraum für Pflanzen und Tiere.

rechten Seite dem Weg. Dort offenbart sich uns hinter einem Zaun die Rhein-Klause, das ehemalige Jagdhaus eines Barons und jetzige Ausflugslokal. Wir passieren die Rhein-Klause und halten inne für eine besinnliche **Rheinsicht an der Rhein-Klause** ❸. Danach folgen wir weiter dem Weg am Ufer und erreichen nach 800 Metern eine Holzbrücke. Sie öffnet für den Rhein eine Verbindung in die Alte Sandlach.

Vor der Brücke biegen wir rechts in den Weg ein, der an der Sandlach entlangführt. Links und rechts des Weges ist alles grün, und der Weg ist mit Gras bedeckt. Als wir an einem Haus vorbeigehen, schwenkt der inzwischen geschotterte Weg nach rechts und mündet in einen Querweg. Wir folgen dem Wirtschaftsweg nach links und stoßen nach et-

Die Auen der Kaiserpfalz-Stadt

Für die Seele

Entspannt durchstreifen wir die Auenlandschaft von Ingelheim am Rhein, genießen Einblicke in Flora und Fauna und blicken in die kaiserliche Vergangenheit.

wa 300 Metern auf ein kleines Gut. Am Straßenrand steht ein „Ortsschild", das uns über den Kauf des Bauernguts im Jahr 1809 für 233 Gulden informiert.

Wenig später biegt der Weg nach links und führt auf einer Brücke über die **Alte Sandlach und den Damm** ❹. Wir lehnen uns ein wenig an das Brückengeländer und beobachten Wasservögel, bevor wir zum Damm hinauflaufen. Hinter dem Damm kreuzt eine asphaltierte Straße, auf der einige Radfahrer unterwegs sind. Auf dem Damm wandern wir auf einem kleinen Pfad gemächlich nach rechts und genießen vortreffliche Ausblicke auf die Auenlandschaft und ins Land hinein. Der Damm macht einen leichten Bogen nach links. So können wir bereits früh ein Bauwerk in der Ferne erkennen. Schließlich gelangen wir zum **Ein- und Auslaufbauwerk eines großen Polders** ❺, wo wir vorsichtig vom Damm auf die asphaltierte Straße wechseln. Das Ein- und Auslaufbauwerk ist das Herz des Polders und beeindruckt mit seiner riesigen Klappe zum Öffnen und Schließen des Durchlasses.

Wir setzen unseren Weg unterhalb des Damms fort. Als der Weg nach links abbiegt, überqueren wir vorsichtig den Damm und setzen unsere Wanderung auf dem befestigten Weg fort. Der Weg macht eine Biegung nach links und führt leicht abwärts. An der Kreuzung biegen wir scharf rechts noch vor der Selz ab und folgen dem Weg parallel zur Selz. Nach rund 600 Metern biegen wir in den einmündenden asphaltierten Weg ein und folgen ihm für etwa 60 Meter. Dort führt der Weg über die Alte Sandlach.

Polder sind eingedeichte Gelände, die entweder vor Hochwasser geschützt sind oder bei schlimmen Hochwassern als Überflutungsgebiete dienen.

Auszeittour 1

Die Selz kurz vor der Mündung in den Rhein

Wir gehen zurück und überqueren die Selz auf einer Brücke, um direkt danach auf einen begrünten Weg nach rechts abzubiegen. Entlang der Selz mit Schilfröhricht und Brennnesseln schlendern wir weiter, der Weg biegt sich nach 200 Metern sanft nach links. Nach weiteren 300 Metern biegen wir in den Feldweg nach rechts ab, bis wir wieder an der Selzbrücke am Rhein angelangen. Wir schreiten unter den Weiden zurück zum Parkplatz. Zwischen Parkplatz und Straße stehen einige **Holzskulpturen der Beteiligten des Tassilo-Prozesses** ❻ im Jahr 788. Tassilo, einem Vetter Karls des Großen, wurden Eidbruch und Landesverrat vorgeworfen.

Wir gehen zur Fährstelle und der Hafenmole am Rhein und stoßen dort auf den **Ingelheimer Sommergarten** ❼, wo wir uns Getränke und Speisen holen und uns an einen Tisch mit gutem Blick auf den Rhein setzen.

Vom Parkplatz aus fahren wir die **Rheinstraße** in Richtung **Ingelheim** und biegen nach 1 Kilometer an der Ampelkreuzung nach links auf die **Konrad-Adenauer-Straße.** Nach 2,5 Kilometern nehmen wir am zweiten Kreisel die dritte Ausfahrt auf die Straße **Am Großmarkt.** Wir folgen der Straße, verlassen den nächsten

Tassilo-Prozess

Auszeittour 1

Kreisverkehr an der ersten Ausfahrt auf die Straße Am Langenberg. An der nächsten Kreuzung geht es rechts ab auf die Straße **Vorderer Böhl.** Wir folgen dem Straßenverlauf etwa 600 Meter. Dann sehen wir schon die Hinweisschilder für die **Kaiserpfalz und das Museum Ingelheim** ❽ und stellen den Wagen auf einem der Parkplätze ab.

Nach einem Museumsbesuch erkunden wir die Kaiserpfalz und sind erstaunt, welche Ausmaße die Bauten damals bereits hatten: Eindrucksvolle Reste sind selbst nach über 1200 Jahren erhalten. Wir folgen dem beschilderten Rundweg und schlendern durch die Sträßchen und Bauwerke. Schließlich gelangen wir zurück zum Parkplatz und beenden unseren Ausflugstag.

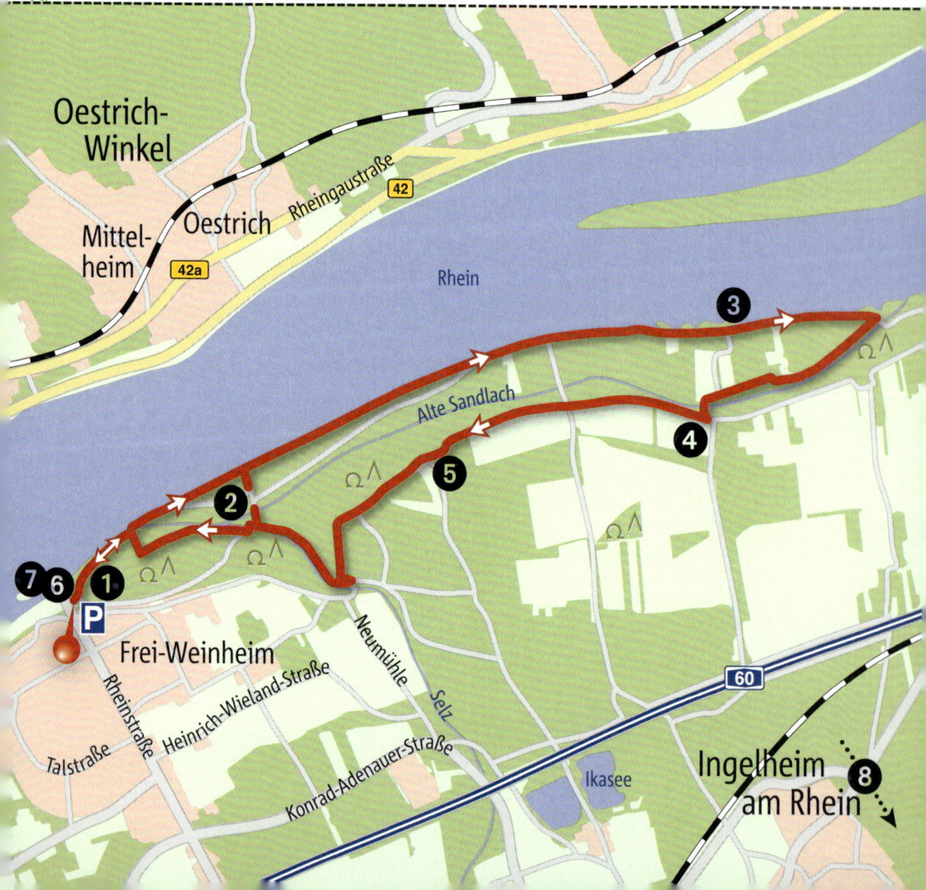

Alles auf einen Blick

Entspannung ✶✶✶✶✶
Genuss ✶✶✶✶✶
Romantik ✶✶✶✶✶

WIE & WANN:
Überwiegend Spazierwege, gelegentlich mit Asphaltbelag; beste Wanderzeit von April bis Oktober.
Von Juni bis September empfiehlt sich ein Mückenspray.

HIN & WEG:
Auto: Parkplatz kurz vor Fährstelle und Hafenmole, Rheinstraße 257, 55218 Ingelheim (GPS: 49.99299, 8.02283)
ÖPNV: Bus 611 von Ingelheim, Bahnhof, nach Frei-Weinheim, Talstraße (Fähre); von dort Zuweg über Rheinstraße

ESSEN & ENTSPANNEN:
Ingelheimer Sommergarten ❼ An der Hafen-Mole, 55218 Ingelheim am Rhein, Tel. (0 61 32) 98 21 10, www.ingelheimer-sommergarten.de (Apr.–Anfang/Mitte Okt.)

ENTDECKEN & ERLEBEN:
Trauerweiden ❶
Aussichtsplattform ❷
Rheinsicht an der Rhein-Klause ❸
Alte Sandlach und Damm ❹
Ein- und Auslaufbauwerk eines großen Polders ❺
Holzskulpturen der Beteiligten des Tassilo-Prozesses ❻
Kaiserpfalz und Museum Ingelheim ❽ François-Lachenal-Platz 5, 55218 Ingelheim am Rhein, Tel. (0 61 32) 71 47 01, www.kaiserpfalz-ingelheim.de und www.museum-ingelheim.de

- 9,3 Kilometer
- 153 Höhenmeter
- 3 Stunden
- Rundweg

Wildtulpen

Auszeittour 2

Wilde Tulpen
Der Kulturweg bei Gau-Odernheim

Am Parkplatz an der Petersberghalle starten wir unsere kleine Kulturrunde und gehen auf der **Mühlstraße** in Richtung Schulzentrum und Kindergarten.

Nach etwa 300 Metern biegen wir rechts in die **Brunnenstraße** ein und folgen weiter dem **Wegezeichen des Kulturwegs Petersberg.** Nach der Überquerung der Selz wird aus der kleinen Straße ein Wirtschaftsweg. Direkt nach dem Selztalhof haben wir freien Blick nach rechts auf den kegelförmigen Petersberg mit seinen 246 Metern Höhe.

Gemütlich schreiten wir auf dem befestigten Wirtschaftsweg etwa 1,5 Kilometer weiter in Richtung Bechtolsheim. Zwischendurch nutzen wir eine kleine Pause, um über das Tal auf Gau-Odernheim zurückzuschauen. Besonders deutlich ist der gotische Turm der Simultankirche St. Rufuskirche zu erkennen.

Sanft schwingt sich die Straße zwischen Tal und Weinbergen nach Bechtolsheim. Direkt hinter dem Ortsschild schwenken wir auf den Feldweg nach rechts und laufen nun parallel zu Bechtolsheim. Wir folgen den Wegezeichen des Kulturwegs bis zum Ende von Bechtolsheim. Am Sportplatz biegen wir nach rechts ab und gehen in Richtung des Petersbergs. Schon die ganze Zeit gehen wir an den Weinbergen des Petersbergs entlang. Auf der linken Seite öffnet sich ein kleiner Einschnitt mit Büschen und Wiesen. Kurz darauf gelangen wir zu dem unscheinbaren **Engelborner Brünnchen ❶.** Wir verweilen auf dem Mauerwerk und lauschen dem Plätschern der Quelle, die von einem Reservoir unter den Weinbergen gespeist wird.

Simultankirchen werden von mehreren christlichen Konfessionen gemeinsam genutzt. In Rheinhessen gibt es viele Simultankirchen, da der Glaube in einigen Dörfern je nach Herrschaft gewechselt wurde.

Auszeittour 2

Wir setzen unseren Weg fort, und ab jetzt wird es etwas steiler. Wir biegen gleich zweimal nach links ab, und folgen dann dem kreuzenden Weg nach rechts. Nach und nach merken wir, dass die rheinhessische Hügellandschaft nicht hoch, aber sehr wechselhaft in ihren Steigungen ist. Weiterhin führt uns das **Wegezeichen des Kulturwegs** durch die Weinberge. Zweimal biegen wir rechts ab, dann wird der Weg erneut steiler.

Statt dem Weg auf den Petersberg zu folgen, biegen wir nach etwa 350 Metern nach links. Die Beschilderung weist nach Gau-Odernheim und zur Sporthalle. Nach weiteren 250 Metern biegen wir in der Kurve des Weges nach rechts, um uns am kreuzenden Weg nach links zu wenden. An der Einmündung in der Senke wenden wir uns nach links, um kurz darauf nach rechts zum Lieberg hochzuschlendern. Fast schon oben, machen wir am Hang einen kleinen Abstecher und bestaunen einen kleinen „Bunker" aus Sandsteinen. Doch es handelt sich um ein ungewöhnliches **Wingertshäuschen** ❷, das ein Winzer am Weinbergsrand in den Hügel hineingebaut hat.

Rheinhessen ist eine der trockensten und sonnenreichsten Regionen Deutschlands: Die mittlere Niederschlagsmenge liegt zwischen 470 und 730 Millimetern und die durchschnittliche Sonnenscheindauer bei etwa 1600 Stunden.

Engelborner Brünnelchen

Der Kulturweg bei Gau-Odernheim

Für die Seele

Auf der Suche nach seltenen Wildtulpen umrunden und „ersteigen" wir den Petersberg, mit seiner archäologischen Ausgrabungsstelle.

Wir kehren auf den Feldweg zurück und folgen ihm zwischen den Weinbergen hinunter bis zu einem asphaltierten Wirtschaftsweg. Hier wenden wir uns nach rechts, um kurz darauf nach rechts auf einen Feldweg den **Lieberg** ❸ hinaufzugehen. Wir befinden uns im größten Vorkommen von Wildtulpen nördlich der Alpen – sie blühen allerdings nur wenige Tage im April. An einer Stelle geht ein Wiesenstück in die Weinberge zum Lieberg hinauf. Hier können wir uns während der Blütezeit vorsichtig vom Wiesenrand aus an der Blütenpracht berauschen.

Wir kehren zum Feldweg zurück und auf ihm zur Senke hinunter auf den Wirtschaftsweg. Kurz links, dann wieder rechts auf einen Feldweg. Zunächst geht es nur leicht, doch dann immer steiler hinauf. Wir sind wieder auf dem Kulturweg, sodass uns das Wegezeichen an der Wegekreuzung kurz nach rechts und dann nach links führt und dann zwischen Büschen einen engen und sehr steilen Pfad hinaufleitet. Für das letzte Stück nehmen wir dankbar eine Treppe in Anspruch. Oben können wir auf einer Bank den tiefer gelegenen Lieberg und auf seinen Hängen vielleicht auch die gelben Wildtulpen erkennen.

Weiter dem Pfad folgend, stehen wir dann mitten auf dem **Petersberg mit seiner Kirchenruine** ❸. Die Peterskirche aus dem 10. Jh. war lange Zeit ein kultureller Anziehungspunkt, doch im Dreißigjährigen Krieg wurde die Basilika zerstört. Lediglich die Überreste mit Grabungsstellen sind auf dem Berg noch zu erkennen.

Die Wilde Tulpe wird auch Weinberg-Tulpe genannt. Ihr Ursprung liegt in Südeuropa, Nordafrika und der Türkei. Sie steht unter Naturschutz und wird auf der Roten Liste gefährdeter Arten geführt.

Auszeittour 2

Auf dem Petersberg

Wir atmen die Geschichte des Hügels ein, genehmigen uns bei Bedarf eine Vesper und erkunden den Panoramablick. Informationstafeln erleichtern uns die Orientierung. Über die rheinhessischen Hügel können wir bis zum Donnersberg in der Pfalz, dem Rochusberg bei Bingen, dem Großen Feldberg im Taunus und dem Melibokus im Odenwald blicken.

Im Tal erkennen wir Gau-Odernheim mit seiner Simultankirche. So steigen wir schließlich die Stufen in Richtung Gau-Odernheim hinab. Am Ende der Treppe stehen mehrere Wegweiser, dort folgen wir dem Feldweg nach Gau-Odernheim. Nun geht es stetig auf einer länglichen Kuppe bergab. Rechts am Wegesrand lockt ein „Tisch des Weines", links blicken wir an einem Wingertshäuschen vorbei auf Gau-Odernheim. Nach knapp 400 Metern lässt uns das Wegezeichen des Kulturwegs vom Feldweg nach rechts in einen kleinen Pfad abbiegen, der uns idyllisch von Büschen umgeben weiterschlendern lässt.

Der Pfad macht einen kleinen Bogen, und an seinem Ende stoßen wir wieder auf den Feldweg. In der Gabelung steigen wir vorsichtig die Böschung empor,

In Rheinhessen haben sich lange Tische mit Sitzbänken an schönen Punkten etabliert, um auch größeren Gruppen die Möglichkeit zu geben, eine Pause einzulegen und womöglich ein Gläschen Wein zu genießen. Sie werden „Tische des Weines" genannt.

Der Kulturweg bei Gau-Odernheim

hier informieren wir uns an einem weiteren Tisch des Weines über die Besiedlung, die bis in die Jungsteinzeit zurückreicht. Wir setzen uns einen Augenblick, schauen auf Gau-Odernheim und überlegen, wie wohl früher hier der Ausblick ausgesehen haben mag. Zurück auf dem Weg, betrachten wir ein in die Böschung gebautes Winzerhäuschen, das 2013 von der Weinbruderschaft Rheinhessen prämiert wurde.

Trotz Vesper verspüren wir ein kleines Knurren im Magen. Daher schreiten wir den Feldweg weiter hinab und biegen kurz darauf an der Feldwegekreuzung nach rechts ab. Dort treffen wir auf den asphaltierten Wirtschaftsweg, der uns zu Beginn nach Bechtolsheim geführt hat. Wir biegen nach links und gelangen, am Selztalhof und dem Schulzentrum vorbei, wieder auf den Parkplatz der Petersberghalle.

Wir fahren über **Kegelbahnstraße** und **Untermarkt** bis zur **Mainzer Straße** am Marktplatz. Dort biegen wir in die Mainzer Straße nach rechts in Richtung Biebelnheim und bleiben zunächst auf der **L 414.** Außerhalb

Jordan's Untermühle

Auszeittour 2

von Gau-Odernheim biegen wir nach rechts auf die **L 436** in Richtung Bechtolsheim ab. Nach etwa 6 Kilometern fahren wir durch Undenheim und biegen anschließend rechts in Richtung Nierstein auf die **B 420.** Bei Köngernheim verlassen wir den zweiten Kreisel an der dritten Ausfahrt in die **Bahnhofstraße.** Nach 300 Metern biegen wir links in die **Gaustraße** ein. Kurz vor Ende der Ortschaft biegt die Gaustraße schräg nach rechts ab, doch wir folgen dem Hinweisschild zu **Jordan's Untermühle ❺.** Am Ende der schmalen Straße stellen wir den Wagen auf dem Parkplatz ab und begeben uns zur Untermühle. Wir verweilen kurz vor dem mächtigen Tor und schreiten dann durch die rechts danebengelegene Tür. Bei feinem und gehobenem Essen lassen wir unsere Wanderung ausklingen.

Alles auf einen Blick

Entspannung ✹✹✹✹✹
Genuss ✹✹✹✹✹
Romantik ✹✹✹✹✹

WIE & WANN:
Landwirtschaftliche Wege und Pfade; Wanderzeit von April bis Oktober

HIN & WEG:
Auto: Parkplatz Petersberghalle, Mühlstraße 32, 55239 Gau-Odernheim
(GPS: 49.78507, 8.19588)
ÖPNV: Bus 660 von Mainz Hauptbahnhof oder Alzey, Bahnhof, nach Gau-Odernheim, Marktplatz; von dort Zuweg rechts über Untermarkt und Kegelbahnstraße

ESSEN & ENTSPANNEN:
Rucksackverpflegung nicht vergessen!
Jordan's Untermühle ❺ Außerhalb 1, 55278 Köngernheim,
Tel. (0 67 37) 7 10 00, www.jordans-untermuehle.de

ENTDECKEN & ERLEBEN:
Engelborner Brünnelchen ❶
Wingertshäuschen ❷
Lieberg mit Wildtulpen ❸
Petersberg mit Kirchenruine ❹

Selzstellung

- 10,6 Kilometer
- 178 Höhenmeter
- 3,5 Stunden
- Rundweg

Panoramatour 3

Unsere Wanderung starten wir in der kleinen Ortschaft Zornheim, nur wenige Kilometer südlich von der rheinland-pfälzischen Hauptstadt Mainz. Wir nutzen den Parkplatz direkt am **Lindenplatz ❶,** wo wir vor der neugotischen Kirche aus Kalksteinquadern den **Drei-Grazien-Brunnen** bewundern.

Hiwwel un Wingert
Hügel und Weinberge bei Zornheim

Wir lassen die Szene des Brunnens ein paar Minuten auf uns wirken, bevor wir uns auf der **Neugasse** in Richtung Süden begeben. An der ersten Kreuzung biegen wir nach links in die **Universitätsstraße,** bis wir an der zweiten Einmündung der **Südstraße** nach rechts folgen. Sie führt uns direkt aus dem Örtchen hinaus. Hier stoßen wir auf die Hiwweltour Zornheimer Berg. Am **Wegzeichen der Hiwweltour –** ein stilisiertes und geschwungenes „h", mit blauem Himmel und grünem Boden – schlendern wir links an Zwetschgenbäumen entlang hinunter.

Kaum haben wir uns an den „Abstieg" gewöhnt und kommen an einigen Pferdekoppeln vorbei, biegen wir nach rechts ab und „besteigen" den **Hasenberg.** An ein häufiges Auf und Ab müssen wir uns auch auf dieser Tour gewöhnen. Nicht umsonst heißt Rheinhessen auch „das Land der tausend Hügel" – und hier heißen die Hügel nun einmal „Hiwwel". In der Ferne können wir über die Rheinebene die Skyline von Frankfurt erkennen.

Und schon geht es hinunter und zum **Jubiläumswald.** Wir biegen nach rechts ab und stoßen am Hang auf

Früher gab es in Rheinhessen viele kleine Nebenerwerbsbauern, sodass man sich zu einer gemeinschaftlichen Obstanlage entschloss. Mittlerweile gibt es nur wenige große Obstbauern, weshalb die Gemeinschaft sich auflöste.

Wingertshäuschen Auf dem Winkel

Hügel und Weinberge bei Zornheim

ein Bänkchen und eine Informationstafel über die ehemalige **Obstgemeinschaftsanlage Zornheim.**

Es geht vorbei an vielen Obstbäumen. Wir stecken unsere Nase in die Blüten, bevor wir weiter hinab an einem Grillplatz vorbei und auf einen Wirtschaftsweg in Richtung Osten laufen. Über eine Abzweigung nach rechts gelangen wir zum **Biotop Rohrwiesen** ❷.

Für die Seele

Auf den Hügeln entdecken wir die wechselvolle Geschichte sowie die Weinberge über dem Selztal.

Während wir auf der rechten Seite noch Obstbäume sehen, blicken wir zu unserer linken Seite auf Bäume, die mit Gräsern und Schilf zugewuchert sind. Kleine Teiche schimmern durch das Buschwerk.

Über eine Wiesenfläche geht es an einem alten mächtigen Baum vorbei. Bisher hatten wir Rebstöcke und Weinberge nur aus der Ferne bewundert. Doch jetzt gehen wir direkt daran entlang. Je höher wir gelangen, desto weiter wird die Aussicht, bis wir erneut Frankfurts Skyline erblicken. Auf der Höhe biegen wir nach rechts und nach Westen ab. Am **Wingertshäuschen Auf dem Winkel** ❸ nutzen wir das rote Bänkchen für eine kurze Rast, um die Aussicht zu genießen.

Während wir weiter nach Westen schreiten, liegen rechts auf der Höhe viele Weinberge, und links von uns schmiegen sie sich bis ins Tal. Unten, am Abhang, können wir die Stelle erkennen, wo im September traditionell die Selzer Kerb mit einer Weinprobe in den Weinbergen eröffnet wird. Passend dazu heißt die Weinlage „Gottesgarten".

Die ganze Zeit schon konnten wir ins Tal blicken und die beiden Ortschaften Selzen und Hahnheim er-

Ab etwa 1900 nutzten zunehmend Bauern das Feuchtgebiet Rohrwiesen. Hundert Jahre später wurde es mit umgebendem Schilf und Rohrkolben als Biotop wiedererschaffen. Rundherum tummeln sich Prachtlibellen, Kammmolche und Wechselkröten.

Panoramatour 3

Zornheimer Berg

Früher dienten Wingertshäuschen in den Weinbergen („Wingert") den Weinbauern („Winzer") zur Lagerung von Werkzeug, zum Schutz und als Platz für Getränke und Vesper. Viele Wingertshäuschen sind unverschlossen und können von Wanderern zur Rast genutzt werden.

kennen. An der **Selzstellung** ❹ angelangt, setzen wir uns zu einer kleinen Rast auf das Bänkchen unter dem Bäumchen und lassen unseren Blick schweifen. Im Osten liegt der Odenwald hinter der Rheinebene, unter uns erblicken wir im Süden Selzen und Hahnheim, darüber hinweg den Petersberg. Im Südwesten erkennen wir in der Pfalz den Donnersberg mit seinen 687 Metern.

Von der Selzstellung aus gehen wir, immer den Donnersberg im Blick, durch die Weinberge hinab. Überall an den Hängen können wir Wingertshäuschen erkennen. Im Tal selbst herrschen Getreide- und Rübenfelder vor. Nach etwa 100 Metern machen wir einen kleinen Abstecher nach links zur **Weinkelter** ❺. Unter einem hohen Dach steht eine alte elektrische Weinkelter. Auf der Bank davor setzen wir uns einen

Panoramatour 3

Augenblick, um den Ausblick auf das Tal und die Weinberge zu genießen. Dann gehen wir zurück und folgen weiter der Hiwweltour. Wenn wir die untere Sohle erreichen, verlassen wir die Hiwweltour und wechseln nur wenige Meter nach links auf den Weg unterhalb der Böschung. Leicht und dann stärker steigt der Weg an und führt uns zur K35, die wir vorsichtig überqueren.

Auf der anderen Seite schlendern wir den Weg am Hang und an der Böschung entlang und erfreuen uns am Blick auf das Naturschutzgebiet Hahnheimer Bruch im Selztal. Nach etwa 500 Metern gehen wir nur ein Stückchen den asphaltierten Wirtschaftsweg, um dann in einem leichten Bogen entlang der Böschung zu streifen, bis wir oberhalb der Ortschaft Sörgenloch sind. Wir nutzen den befestigten Wirtschaftsweg nach rechts und verlassen kurz darauf hangaufwärts die Weinberge. Auf der Höhe gewinnen die Getreide- und gelegentliche Obstfelder die Oberhand. Am Ende

Kompassrose am Sonnenplateau

Hügel und Weinberge bei Zornheim

Zornheimer Weinstube

der Böschung, an einem steinernen Kreuz, genießen wir eine weite Sicht auf das Selztal.

Wir gehen den kreuzenden Wirtschaftsweg ein Stückchen nach oben, um direkt den nächsten Weg nach rechts an Obstbäumen entlang in Richtung der **Hahnheimer Straße (K 35)** zu schlendern. Wir überqueren die Straße und biegen links neben einem Weinberg in einen kleinen Weg zum Abhang. Wir sind wieder auf der Hiwweltour Zornheimer Berg. Wir machen für 100 Meter einen kleinen Abstecher nach rechts, halten uns an der Gabelung an den linken Weg den Hang entlang und gelangen am Ende einer kleinen Steinmauer zu einem Steintisch mit der **Kompassrose am Sonnenplateau** ❻. Die Kompassrose zeigt uns mit ihren Markierungen die Richtungen und Entfernungen zu den Ortschaften und Landschaftsmerkmalen in der Umgebung. Wir verweilen ein paar Momente, um den schönen Ausblick zu genießen.

Dann gehen wir zurück und setzen unsere Wanderung auf der Höhe entlang des Abhangs in Richtung Osten fort. Nach wenigen 100 Metern senkt sich der

Panoramatour 3

„Vor Pest Hunger und Krieg bewahre uns o Herr" – Im Kriegsjahr 1918 errichteten die Zornheimer das Ruhkreuz, benannt nach der Weinberglage „An der Ruh". Der Flurname bezeichnete Stellen mit einem Gestell zum Ausruhen.

Weg leicht hinab, und wir gelangen zum **WeinErlebnis Zornheimer Berg ❼**. Wir pausieren und kosten ein Gläschen Wein vom örtlichen Winzer. Dann gehen wir ein paar Schritte zum Hang und dort zum **Zornheimer Ruhkreuz ❽**, wo wir uns einen letzten Rundblick über das Selztal und die Weinberge gönnen.

Die Wanderung hat uns hungrig gemacht. Wir erinnern uns an die Sonnenschirme, Tische und Stühle auf dem **Lindenplatz** und hinter der Kirche. Direkt am **WeinErlebnis** führt der **Wingertsbergweg** zur **Neugasse,** sodass wir kurz darauf wieder am Drei-Grazien-Brunnen eintreffen. An der Kirche vorbei suchen wir uns einen Tisch auf der Terrasse der nostalgischen **Zornheimer Weinstube ❾**. Wir genießen zum Abschluss unserer Tour rheinhessisch-mediterranes Essen.

Alles auf einen Blick

WIE & WANN:
Landwirtschaftliche Wege und Pfade; Wanderzeit von April bis Oktober

HIN & WEG:
Auto: Parkplatz am Lindenplatz, 55270 Zornheim (GPS: 49.887543, 8.226126)
ÖPNV: Bus 67 von Mainz Hauptbahnhof nach Zornheim Hahnheimer Straße; Zuweg über Obere Pfortenstraße

Entspannung ✹✹✹✹✹
Genuss ✹✹✹✹✹
Romantik ✹✹✹✹✹

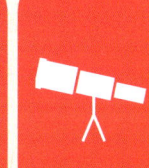

ESSEN & ENTSPANNEN:
Rucksackverpflegung nicht vergessen!
Zornheimer Weinstuben ❾ Röhrbrunnenplatz, 55270 Zornheim, Tel. (0 61 36) 4 56 16, www.zornheimer-weinstuben.de
WeinErlebnis Zornheimer Berg ❼ am Ende der aus Zornheim führenden Neugasse

ENTDECKEN & ERLEBEN:
Lindenplatz ❶
Biotop Rohrwiesen ❷
Wingertshäuschen „Auf dem Winkel" ❸
Selzstellung ❹
Weinkelter ❺
Kompassrose am Sonnenplateau ❻
Zornheimer Ruhkreuz ❽

Kapelle des Klosters Jakobsberg

* 11,5 Kilometer
* 161 Höhenmeter
* 4 Stunden
* Rundweg

Panoramatour 4

Vom Wanderparkplatz aus gehen wir links entlang der Straße **Im Hippel**, queren vorsichtig die **Appenheimer Straße** und folgen dem Weg bis zur südlichen Brücke über die Umgehungsstraße. Direkt nach der Brücke geht es zunächst nach rechts, wir folgen dem **Wegezeichen „Rundweg Rabenschule".** Kurz darauf biegen wir

Um Laurenziberg
Kloster und Bach bei Laurenziberg

nach links ab und schlendern auf dem alten Pflasterweg. Es geht langsam, aber stetig aufwärts und durch die Weinberge.

Wir passieren ein paar Baumhälften, die zu einer Sitzgruppe arrangiert sind. Schließlich erreichen wir nach einem weiteren Stück der Steigung ein **überdachtes Kreuz** ❶ in einem halb offenen Häuschen, das zum Schutz des Kreuzes dient. Hier genießen wir den wunderbaren Blick über den Rhein bis hinüber zum Rheingau und dem Taunus sowie auf Ingelheim und Gau-Algesheim.

Die Steigung nimmt sogar noch etwas zu, sodass wir nach einiger Zeit froh sind, das **Johannisberger Türmchen** ❷ zu erreichen. Wir lassen es uns nicht nehmen, die Treppe zum Türmchen hinaufzusteigen, denn von oben haben wir einen noch mal schöneren Ausblick. Auf der linken Seite können wir bereits unser nächstes Ziel, das Kloster Jakobsberg, sehen. Wir lassen unseren Blick von links nach rechts schweifen und erkennen in der Ferne das „Binger Loch", dann den Rochusberg mit seiner Kapelle, die Rheinebene, das Niederwalddenkmal, den Rheingau und den Taunus.

Das Kloster Jakobsberg war entstanden, nachdem Wallfahrten zu Ehren der 14 heiligen Nothelfer auf den Berg über der Ortschaft Ockenheim immer mehr Pilger angezogen hatten. Jetzt gibt es dort ein Jugendhaus, ein Gästehaus, Veranstaltungsräume und eine Pilgerhalle an einem Weiher.

Panoramatour 4

Überdachtes Kreuz

Dromersheimer Hörnchen

Die 14 Nothelfer sind Heilige aus dem 2. bis 4. Jahrhundert. In der evangelischen Kirche werden sie als Vorbilder im Glauben betrachtet. In der katholischen Kirche werden sie als Schutzpatrone im Gebet angerufen.

Links neben dem Türmchen ist eine große „Himmelsschaukel", die in weiten Pendelbewegungen schwingt. Wir steigen die Treppe wieder hinab und gönnen uns eine kurze Unterbrechung, um die Landschaft beim sanften Schaukeln nochmals auf uns wirken zu lassen. Von hier aus geht es nur noch ein wenig den Hang hinauf. Wir passieren Rebstockreihen mit erläuternden Tafeln auf der rechten Seite und stehen kurz darauf vor den Anlagen des **Klosters Jakobsberg** ❸.

Wir schreiten rechts an der Kirche vorbei und entdecken eine Treppe, die nach unten führt. Dort, zwischen den Bäumen, ist ein kleiner Weg, auf dem mit sieben Stationen der Schmerzen Marias gedacht wird. Von der untersten Stelle gehen wir über die Stationen nach oben und dann die Treppe wieder hinauf. Wir

Kloster und Bach bei Laurenziberg

betreten respektvoll die Wallfahrtskapelle „Zu den Vierzehn Nothelfern" durch die große Tür und halten ein wenig inne.

Schließlich verlassen wir die Kirche und wenden uns nach links. Im Gebäude neben der Kirche sehen wir einen Klosterladen, in dem wir ein wenig stöbern. Vor dem Klostergelände lassen wir uns auf einer Bank

 Für die Seele

Auf dem Rundweg um den Laurenziberg-Hügel entspannen wir unsere Seele und tauchen ins Dünbach-Tal ein.

nieder und genießen erneut die wunderbare Aussicht.

Dann umrunden wir das Klostergelände rechts und stoßen auf einen Weg, der davor beginnt. In der Ferne können wir die Ortschaft **Laurenziberg** erkennen. Doch wir wenden uns nach rechts und folgen dem Weg etwa 800 Meter, bis er nach links abbiegt. Ein Hinweisschild lässt uns jedoch den Pfad nach rechts zum **Friedenskreuz** ❹ nehmen. Von dort haben wir wieder einen wunderbaren Rundblick über die Nahe zum Hunsrück bis über den Rhein zum Taunus.

Wir kehren zum Weg zurück und folgen ihm für etwa 200 Meter, um dann auf den kleinen Pfad nach rechts abzubiegen. Kurz darauf stehen wir auf dem **Dromersheimer Hörnchen** ❺ und blicken auf das kleine Weindorf Dromersheim, wo 1830 der Eiswein erfunden wurde.

Wir setzen uns auf eine Bank nahe einem Kreuz und nehmen eine kleine Vesper ein. Weiter geht es auf dem kleinen Pfad, der am Hang entlangführt, um dann, nach dem Durchqueren eines Waldstückchens, wieder hinaus auf den ursprünglichen Weg zu gelangen. An einer Wegekreuzung mit einem Kreuz biegen wir nach

Eiswein wird aus gefrorenen Trauben hergestellt und als natürlicher Süßwein geschätzt. Die Trauben müssen bei maximal minus -7 °C gefroren geerntet und sofort im Weingut gepresst werden.

Panoramatour 4

rechts ab und folgen dem Weg bis zur nächsten Kreuzung, wo ein breiter Pfad nach rechts in ein Wäldchen führt. Auf ihm schlendern wir im Schatten der Bäume entlang. An der nächsten Pfadkreuzung biegen wir nach links ab. Wieder zurück auf dem Weg, verlassen wir das Wäldchen und gehen etwa 200 Meter nach rechts, bis von rechts ein weiterer Weg aus dem Tal kommt. Kurz halten wir inne und genießen den weiten Blick zum Hunsrück, dem Nahetal und der Pfalz, dann folgen wir dem Weg nach links auf der Höhe.

Wir schlendern auf dem Weg entlang und biegen schließlich nach rechts ins Dünbachtal hinab. Nun verlieren wir an Höhe und sehen auf der linken Seite wieder Rebstöcke. Am linken Wegesrand plätschert Wasser in einem kleinen Graben, der den Beginn des Dünbachs darstellt. Jetzt bestimmen zunehmend Wiesen das Tal, auch eine Herde Rinder sehen wir weiden.

Schließlich verweigert uns ein Zaun den Eintritt in das Feuchtgebiet vom **Dünbachtal** 6. Wir wenden uns nach links, überschreiten dabei den im Erdreich unter uns verborgenen Dünbach und folgen dem Zaun an einer Abbiegung nach rechts. Wir schlendern auf dem weichen Boden des Weges am Zaun entlang,

Am Kloster Jakobsberg

Kloster und Bach bei Laurenziberg

Brauhaus Goldener Engel

parallel zum Tal. Im Tal selbst wechseln sich feuchte und überschwemmte Gebiete mit Wiesenflächen und Rinderweiden ab. Nach etwa 500 Metern biegen wir nach rechts ab, überqueren sogleich den Dünbach auf einer kleinen Brücke und folgen dem Weg etwa 500 Meter, um auf einem abbiegenden Weg wieder zur anderen Seite des Dünbachs zu wechseln. Hier müssen wir aufpassen, denn es gibt keine Brücke, sondern nur einen feuchten Weg zur anderen Seite.

Parallel zum Dünbach schlendern wir nach rechts weiter und genießen den Blick zu den Weinbergen auf der linken und dem Tal auf der rechten Seite. Nach 600 Metern folgen wir dem Weg in der Kurve nach links, um gleich nach rechts abzubiegen, kurz darauf wieder nach links. Nach etwa 500 Meter überqueren wir vorsichtig die **K 12.** Der Weg auf der anderen Seite führt uns parallel zur **L 415.** Nach etwa 600 Metern sehen wir auf der linken Seite ein Steinmal mit der Beschriftung „EX VOTO".

Schräg gegenüber geht ein schmaler Pfad zur L 415 hinunter. Wir überqueren aufmerksam die Straße und biegen auf der anderen Seite in die **Appenheimer Straße** ein Nach ein paar Metern können wir wieder auf den Wanderparkplatz zurückkehren.

Votivtafeln der katholischen Kirche stellen die wundersame Errettung aus einer Notsituation dar und haben den Hinweis „ex voto" (lat. „wegen eines Gelübdes", von votum, „Gelübde").

Panoramatour 4

Im 19. Jahrhundert gab es viele Bierbrauereien in Rheinhessen. Sie wurden aufgegeben oder von Großbrauereien übernommen. In den letzten Jahren kommt es durch Hausbrauereien und Craft-Beer zu einem „Revival" der Brauereien in Rheinhessen.

Nachdem wir unseren Rucksack verstaut haben, biegen wir mit dem Wagen nach links in die **Appenheimer Straße** ein und folgen sogleich der **L 415** nach rechts in Richtung Ockenheim und Ingelheim. Nach etwa 2 Kilometern biegen wir nach rechts in die **Ockenheimer Straße** in Richtung Ingelheim ein. Wir folgen der **L 420** durch Gau-Algesheim und wieder hinaus. Nach etwa 1,5 Kilometern biegen wir an der großen Ampelkreuzung nach rechts ab, durchfahren den Kreisel und sehen sogleich das **Brauhaus Goldener Engel** ❼.

Wir suchen uns eine Stellmöglichkeit auf dem Parkplatz des Brauhauses und genießen im Biergarten unser Braumeisterschnitzel zusammen mit einem Bier.

Alles auf einen Blick

WIE & WANN:
Landwirtschaftliche Wege und Pfade; Wanderzeit von April bis Oktober

HIN & WEG:
Auto: Parkplatz Ecke Im Hippel/Am Breiten Weg, 55435 Gau-Algesheim (GPS: 49.947856, 8.015497)
ÖPNV: Bus 643 von Ingelheim, Bahnhof, nach Gau-Algesheim, Radsporthalle; von dort Zuweg über Im Hippel und Appenheimer Straße

Entspannung ✹✹✹✹✹
Genuss ✹✹✹✹✹
Romantik ✹✹✹✹✹

ESSEN & ENTSPANNEN:
Rucksackverpflegung nicht vergessen!
Brauhaus Goldener Engel ❼ Neisser Straße 1, 55218 Ingelheim am Rhein,
Tel. (0 61 32) 8 99 48 00, www.brauhausgoldenerengel.de

ENTDECKEN & ERLEBEN:
Überdachtes Kreuz ❶
Johannisberger Türmchen ❷
Kloster Jakobsberg ❸ Kloster Jakobsberg 1, 55437 Ockenheim
Friedenskreuz ❹
Dromersheimer Hörnchen ❺
Dünbachtal ❻

Tisch des Weins

- ❋ 12,5 Kilometer
- ❋ 157 Höhenmeter
- ❋ 4 Stunden
- ❋ Rundweg

Panoramatour 5

Wir beginnen unsere Wanderung am Parkplatz des Friedhofs von Tiefenthal. Rechts neben dem Friedhof gehen wir den kleinen Pfad hoch und biegen am Ende der Friedhofsmauer nach links, um zunächst zwischen einer Rinderweide und dem Waldrand weiterzuspazieren.

Alte Grenze
Auf der Tiefenthaler Hiwweltour

Am Ende der Weide folgen wir dem **Wegezeichen der „Hiwweltour Tiefenthaler Höhe"** nach links hinab zur Straße. Es geht für 100 Meter weiter nach rechts, dann folgen wir dem Wegezeichen nach links zum renaturierten Appelbach. Wir machen einen Abstecher abseits der Straße und genießen das Schlendern auf dem geschwungenen Pfad. Im **Feuchtbiotop Appelbach** ❶ hat die Natur wieder ihren Raum bekommen. Wir achten darauf, auf dem Pfad zu bleiben und keine Pflanzen zu beschädigen. Schließlich führt uns der Pfad zu einem kleinen Teich, an dem wir für einen Augenblick verweilen.

Wir überqueren die Straße und schreiten schräg einen Pfad empor. An dem querenden Feldweg biegen wir am **Wegezeichen** links ab. Wir zügeln unsere Schritte, denn der Boden ist sehr feucht. Immer wieder können wir bemooste Baumstümpfe am Wegesrand und in dem Mischwald erkennen. Ein ums andere Mal ignorieren wir Abbiegungen oder kreuzende Wege. Nach 1 Kilometer verzieht sich der Wald auf unserer linken Seite, und der Weg führt am Waldrand auf der rechten Seite entlang. Im Tal unter uns erblicken wir

Mit dem Programm „Aktion Blau Plus" fördert das Land Rheinland-Pfalz seit 1995 die Wiederherstellung von naturnahen Gewässern aus ökologischen, ökonomischen und kulturellen Aspekten.

Panoramatour 5

Der Hof Iben ist eine ehemalige Niederlassung der Templer. Nach der Auflösung des Ordens im 14. Jh. wechselten häufig die Besitzverhältnisse. Heute ist der Hof Privatbesitz, die Kapelle gehört dem Land Rheinland-Pfalz.

eine Ansammlung von Höfen sowie eine Kirchturmspitze. Dort befindet sich der **Hof Iben** mit den Resten einer Templerkapelle, die zu den frühesten Bauwerken der Hochgotik in Deutschland zählt.

Der Boden des Weges ist fester geworden, sodass wir etwas kräftiger ausschreiten. Hinter dem Tal erblicken wir eine abwechslungsreiche Hügellandschaft im Norden. Der grasbewachsene Weg macht einen Bogen mit dem Waldrand und geht nach etwa 600 Metern in einen Pfad über. Wir folgen dem **Wegezeichen** in den Wald und biegen dann zunächst nach links und am Ende des Waldes nach rechts in einen Pfad ab.

Am Ende des Waldstücks wenden wir uns nach rechts, um kurz darauf nach links über die freie Fläche zu einem kleinen Waldstück zu gehen. Die Wege sind grasbewachsen, und teilweise treten wir auf Erdschollen, sodass wir vorsichtig sind. Dabei genießen wir den weiten Blick nach Nordosten und Osten über die Täler und Hügel. Wir biegen nach rechts am kleinen

Steinbruch Dunzelloch

Auf der Tiefenthaler Hiwweltour

Waldstück ab und folgen dem Weg am Waldrand, bis wir an die **Mörsfelder Straße (K 3)** kommen.

Wir überqueren die Straße und gehen auf dem Seitenstreifen abwärts, um dann auf den Feldweg nach rechts einzubiegen. Der Feldweg geht schrittweise in einen tunnelartigen Waldweg über, bis wir nach 100 Metern nahezu unmerklich den Dunzelbach über-

Für die Seele

Wir streifen durch Wälder im wilden Westen Rheinhessens und erfreuen uns an historischen Grenzgängen und tollen Fernblicken.

queren. Direkt danach führt uns das **Wegezeichen** auf einem Pfad nach rechts. Er führt uns abwärts in eine kleine, enger werdende Schlucht und zu dem **Steinbruch Dunzelloch ❷**. In dem Steinbruch wurde früher wertvoller Sandstein in quaderförmigen Blöcken abgebaut. Wir setzen uns einen Augenblick auf einen Baumstumpf und lassen unsere Gedanken schweifen.

Schließlich verlassen wir die Schlucht auf der linken Seite auf dem Pfad, der uns über eine kleine Treppe den Hang hinaufführt. Oben wenden wir uns nach rechts. Wenige Meter wollen wir eigentlich dem **Wegezeichen** folgen. Doch auf der rechten Seite ist eine Lücke im Holzgeländer, durch die ein Pfad hindurchführt. Auf einem Holzpfosten weist ein **Wegezeichen „Zum Ruhewald"**. Wir betreten respektvoll die Waldbegräbnisstätte „Ruhewald Rheinhessische Schweiz". An der rechten Seite des Weges blicken wir in den Abgrund mit Steinbrüchen. Die Wege führen uns über zwei Abbiegungen nach links wieder auf den Waldweg zurück.

Wir bleiben auf dem Waldweg, der nach knapp 200 Metern leicht nach rechts abknickt, dann stetig nach

In den letzten Jahren hat sich neben der Erd- oder Urnenbestattung auf Friedhöfen die Bestattung in biologisch abbaubaren Urnen im naturbelassenen Wald durchgesetzt.

Panoramatour 5

oben führt und auf einen weiteren Waldweg stößt. Eine Tafel informiert uns, dass hier Quecksilber abgebaut wurde. Wir wenden uns nach rechts, um kurz darauf dem **Wegezeichen** nach links zu folgen. Rund 350 Meter lässt uns der Waldweg an Höhe gewinnen, bis wir schließlich aus dem Wald heraustreten.

Wir halten inne und lassen das Panorama auf uns wirken. Links wird das Tal durch Wald begrenzt. Rechts vor und unterhalb von uns liegt die Ortschaft **Mörsfeld.** Der Feldweg führt uns von nun an rechts weiter am Waldrand entlang. Am Waldrand gibt es gelegentlich Hochsitze für Jäger oder Bänke für Wanderer. Außerdem erblicken wir immer wieder zwischen Bäumen und Gestrüpp Steinpfosten mit Inschriften, deren Sinn wir nicht verstehen. Schließlich gelangen wir an einen Stein, an dem eine Informationstafel uns aufklärt. Wir stehen am historischen Grenzstein 425 der ehemaligen **Staatsgrenze** ❸ zwischen dem Großherzogtum Hessen (GH) und dem Königreich Bayern (KB).

Ein paar Minuten setzen wir uns auf die Bank neben dem Grenzstein und nutzen sie für eine kleine Brotzeit, bevor wir weiter dem Feldweg am Waldrand folgen. Wir überqueren die von Mörsfeld heraufkommende **K 18** und setzen die Wanderung auf dem rechten von zwei parallelen Wegen fort. So laufen wir noch einige Zeit im Schatten, bevor wir am Forsthaus Jägerlust am Waldrand weitergehen. Knapp 200 Meter später führt uns das **Wegezeichen** der Hiwweltour schräg rechts einen Pfad hinein in den Wald. Aus dem Wald gekommen, biegen wir 100 Meter später auf der Straße nach links unten ab. Wir folgen ihr bis zu einem weiteren Wegezeichen, wo wir nach rechts auf einen Feldweg abbiegen. Schilder warnen uns vor „Eisabfall", bei dem im Winter Eisplacken von den Rotorblättern der riesigen Windräder zur Stromerzeugung fliegen können. Der Weg führt uns zu einem dieser Windräder, und kurz bevor wir es erreichen, biegen wir nach links auf den Feldweg ab.

Nachdem eine Allianz aus mehreren Ländern Napoleon besiegt hatte, wurden seine Eroberungen 1815 auf dem Wiener Kongress verteilt. Diese Gegend bestand bis zu dem Krieg aus Dutzenden von Kleinstaaten. Von nun an war sie als eine hessische Provinz auf der anderen Rheinseite bekannt: Rheinhessen.

Auf der Tiefenthaler Hiwweltour

Rechts am Hang und über dem Feldweg steht ein **Tisch des Weines** ❹. Wir freuen uns über die Gelegenheit und nutzen sie für eine weitere Brotzeit. Das Panorama zeigt unter uns im Tal Niederhausen an der Appel, dahinter Münsterappel. Schließlich setzen wir unseren Weg fort, bis wir am Rand eines Waldstückchens unterhalb von uns weitergehen und dann in einem Rechtsbogen wieder zum oberen Waldrand zurückkehren. Fast gehen wir zurück bis zum Windrad, in dessen Nähe wir abgebogen waren. Doch zuvor schwenken wir am Wegezeichen nach links in den Wald. Nach 500 Metern stoßen wir auf einen Querweg und gehen schräg rechts weiter, bis wir an den Waldrand gelangen, wo wir nach links bis zu einer Hütte weiterlaufen.

Vor der Hütte wählen wir den Weg nach rechts über die waldlose Kuppe, dann geht es nach unten in Richtung Tiefenthal. Als wir nach etwa 800 Metern in einen Hohlweg und zu einer Kreuzung gelangen, wenden wir uns nach rechts. 100 Meter später führt eine kleine steile Treppe in den Taleinschnitt im

Zur Junkermühle

Panoramatour 5

Wald. Von nun an folgen wir einem Pfad mit dem typischen Wegezeichen durch den idyllischen Taleinschnitt nach unten, bis wir den Parkplatz am Friedhof erreichen.

Vom Parkplatz aus fahren wir den Kirchweg bis zur **Münsterthaler Straße,** dort biegen wir nach rechts ab in Richtung **Neu-Bamberg.** Wir folgen der **L 400** etwa 6 Kilometer. Nachdem wir Neu-Bamberg fast vollständig durchquert haben, erscheint in der Rechtskurve auf der rechten Seite die Gaststätte **Zur Junkermühle ❺.** Direkt nach den Gebäuden kommen wir an die Einfahrt zu einem Parkplatz, auf dem wir den Wagen abstellen. Entspannt lassen wir uns an einem Tisch im Innenhof nieder und lassen uns ein Wildgericht schmecken.

Alles auf einen Blick

WIE & WANN:
Landwirtschaftliche Wege und Pfade; Wanderzeit von April bis Oktober

HIN & WEG:
Auto: Parkplatz am Friedhof, Kirchweg 25, 55546 Tiefenthal (GPS: 49.76153, 7.90782)
ÖPNV: Bus 224 von Bad Kreuznach nach Tiefenthal, Ort; von dort Zuweg gegenüber Kirchweg

Entspannung ✺✺✺✺✺
Genuss ✺✺✺✺✺
Romantik ✺✺✺✺✺

ESSEN & ENTSPANNEN:
Rucksackverpflegung nicht vergessen!
Zur Junkermühle Neu-Bamberg ❺ An der Junkermühle, 55546 Neu-Bamberg,
Tel. (0 67 03) 10 37, www.junkermuehle.net

ENTDECKEN & ERLEBEN:
Feuchtbiotop Appelbach ❶
Steinbruch Dunzelloch ❷
Staatsgrenze ❸
Tisch des Weines ❹

In den Weinbergen

- 10,6 Kilometer
- 214 Höhenmeter
- 3,5 Stunden
- Streckenweg

Panoramatour 6

Dieses Mal haben wir uns zu einer Streckenwanderung entschlossen. Die Bahnstrecke entlang des linken Rheinufers zwischen Mainz und Worms kommt uns gelegen, wir können mit der Bahn anreisen. Vom Bahnhof Nackenheim, der über einen „Park and Ride"-Parkplatz verfügt, aus gehen wir in Richtung

Dichter und Ritter
Von Nackenheim nach Bodenheim

Zentrum auf der schmalen Straße **An der Turnhalle** bis zur **Mainzer Straße.** Wir überqueren die Straße auf dem Fußgängerüberweg rechts von uns, wenden uns nach links und biegen gleich darauf in die Langgasse ein. Etwa 130 Meter weiter überqueren wir die **Langgasse** zum linken Bürgersteig der **Weinbergstraße.** Kurz darauf befindet sich linker Hand die **Carl-Zuckmayer-Straße** und dort am Rande des Platzes das Rathaus. Wir bewundern den spätbarocken Bau, der als eines der schönsten Fachwerkhäuser in Rheinhessen gilt, sowie das **Carl-Zuckmayer-Denkmal** ❶, das links an der Fassade hängt.

Nach dem Abstecher kehren wir zur **Langgasse** zurück und überqueren sie. Auf der gegenüberliegenden Seite steigen wir die Treppe zur **Kirche St. Gereon** ❷ hinauf.

Wir umrunden die Kirche und ergattern wundervolle Ausblicke auf die Rheinebene. Danach verlassen wir das Kirchengelände über den Ausgang des dahinterliegenden Friedhofs und wenden uns nach rechts. Nach einem Sendeturm folgen wir dem Wirtschaftsweg und den **Wegezeichen** des Rheinterrassenwegs in die

Die Büste des Nackenheimer Schriftstellers Carl Zuckmayer wurde 1982 angebracht. Die Nackenheimer hatten lange Zeit ein angespanntes Verhältnis zu ihm, erst nach dem Zweiten Weltkrieg ernannten sie ihn zum Ehrenbürger.

Panoramatour 6

Kirche St. Gereon

Ursprünglich gehörte Nackenheim zum Bistum Köln. Gereon, ein römischer Soldat, starb in Köln als Märtyrer. Als Nackenheim zum Bistum Mainz kam, blieb der heilige Gereon Patron der Kirche mit ihrem barocken Saalbau.

Weinberge hinein. An einem Hofgut biegen wir halb rechts in den leicht ansteigenden Feldweg. Nach drei Richtungswechseln entlang des **Wegezeichens** sind wir auf einem kleinen Höhenkamm. Rechts von uns geleiten uns Weinberge, links von uns werden vorwiegend Felder bewirtschaftet. Beim gemächlichen Schreiten erfreuen wir uns an dem Blick, der im Norden bis zum Taunus und dem Feldberg geht. Als wir zurückblicken, ist Nackenheim hinter dem Hügel verschwunden, nur der barocke Zwiebelturm von St. Gereon zeigt uns die Richtung an. Nach einigen 100 Metern biegen wir auf einen befestigten Wirtschaftsweg, der nach rechts unten in Richtung der Ortschaft Bodenheim führt. Nach 400 Metern stutzen wir beim Anblick eines kleinen Steinturmes. Der Turm entpuppt sich als ein **Eidechsendomizil ❸**, das ein Winzer als Biotop für Eidechsen, Insekten und Kriechtiere geschaffen hat. Das Trockenmauerwerk bietet mit seinen vielen Lücken zwischen den Steinen Schlupfwinkel für viele Tiere.

Wir gehen den Wirtschaftsweg hinab und gelangen nach etwa 300 Metern an eine Kreuzung mit einem von Bäumen gesäumten Kreuz. Wir folgen dem **Wegezeichen des Rheinterrassenwegs** und biegen nach

Von Nackenheim nach Bodenheim

links auf den Feldweg. Nach einer Abbiegung nach rechts und weiteren 200 Metern verlassen wir jedoch den Rheinterrassenweg und schwenken nach links über eine kleine Kuppe in Richtung eines mit Bäumen und Büschen bewachsenen Geländes. Davor biegen wir nach rechts und gehen den Feldweg hinunter und auf einer kleinen, niedrigen Brücke über den Spatzen-

❀ Für die Seele
Auf der Wanderung kreuzen wir durch Weinberge und Hügel und erfreuen uns an grandiosen Weitsichten.

Eidechsendomizil

Panoramatour 6

bach. Direkt danach folgen wir dem grasbewachsenen Weg nach rechts und bewundern das Schilfröhricht.

Nach einer Linkskurve überqueren wir einen Wirtschaftsweg und spazieren in Richtung einer Buschreihe. Wir nähern uns der **Ortsrandstraße,** biegen jedoch nach der Buschreihe links ab und folgen den Büschen. Links ist ein kleiner pflanzenbedeckter Graben, zahlreiche Brennnesseln lassen uns in vorsichtiger Distanz entlanggehen. Die Bäume scheinen über uns hinwegzuwachsen und bilden einen Tunnel. Hier fühlt man sich von der Natur ummantelt. Nach dem Pflanzentunnel nehmen wir den Feldweg schräg rechts nach oben. Den von links kommenden befestigten Wirtschaftsweg gehen wir bis hinauf zur **L 413,** die wir vorsichtig überqueren.

Auf der anderen Seite folgen wir dem Wirtschaftsweg noch etwa 400 Meter bis zu einer kleinen Brücke. Bevor wir direkt dahinter nach links in einen mit Gras bewachsenen Feldweg abbiegen, blicken wir auf die geschwungenen Hügel, die hinter uns liegen. Für den weiteren Weg erahnen wir, dass es wohl noch etwas steiler werden wird. Nach einer Rechtskurve des grünen Feldweges biegen wir nach links auf einen Feldweg. Als kurz darauf unser Weg in einen weiteren einmündet, wenden wir uns nach rechts und gehen etwa 150 Meter nach oben. An einer Ecke steht ein Kreuz, das eine Witwe „zur Erinnerung an das bittern Leiden unseres Herren Jesus Christus" erbauen ließ.

Glockenberghütte

Direkt oberhalb des querenden Wirtschaftsweges erblicken wir die **Glockenberghütte ❹.** Sie ist ein halb offener Rundbau mit Mauerwerk aus Sandstein, über einem Holzgebälk liegt ein Ziegeldach. In der Hütte und auf dem Plateau gibt es zahlreiche Sitzgelegenheiten. Nach diesem Aufstieg steht uns doch eine Brotzeit zu! Unser Panoramablick reicht von der Frankfurter Skyline im Nord-

Von Nackenheim nach Bodenheim

Ausblick vom Bodenheimer Hoch

osten über die Rheinebene und die Ausläufer des Odenwaldes im Südosten bis in die rheinhessische Hügellandschaft im Süden und Westen.

Nachdem wir uns gesättigt haben, gehen wir auf dem Wirtschaftsweg den Hügel hinauf. Nach etwa 120 Metern verlassen wir den Rheinterrassenweg in einen steilen Feldweg nach rechts unten. Wir nehmen das Auf und Ab gelassen, denn die harmonischen Hügel prägen die einzigartige Landschaft Rheinhessens. Nach etwa 300 Metern wird der Feldweg zu einem befestigten Wirtschaftsweg, und später überqueren wir eine kleine Brücke. An der zweiten Kreuzung nach der Brücke biegen wir nach links ab, und es geht wieder einmal nach oben. An der nächsten Kreuzung gehen wir nach rechts, um in einer Kurve die Einmündung nach rechts oben zu nehmen.

Gut 100 Meter weiter ist auf der linken Seite eine kleine Anlage mit Bäumen, Büschen und weiteren Pflanzen zu sehen. Ein Weingut hat den Aussichtspunkt **Schauinsland** ❺ gestaltet und feiert hier jedes Jahr im Mai sein Hoffest mit Wein und Kulinarik. Wir nehmen uns Zeit für eine kurze Rast an einer Bank- und Tischgruppe und genießen den Panoramablick über die Rheinebene. Wir haben bereits einen sehr guten Ausblick auf unser Ziel: die Ortschaft Bodenheim.

Panoramatour 6

Die Weinlage bezeichnet den geografischen Anbauort eines Weins. Weinlagen gliedern sich nach Anbaugebiet, Bereich, Großlage und Einzellage.

Nach ein paar Minuten der Sammlung folgen wir dem Feldweg weitere 700 Meter in Richtung Norden. Unser Weg mündet schließlich in einen weiteren, an dessen rechtem unteren Ende wir einen Baum und in seinem Schatten ein Wingertshäuschen erblicken. Es ist der Aussichtspunkt **Bodenheimer Hoch** ❻, dessen Name eine der elf Weinlagen von Bodenheim bezeichnet. Wir steigen die Treppe in den ersten Stock empor und haben erneut einen prächtigen Blick auf den Taunus, die Frankfurter Skyline und über die Rheinebene hinweg zum Odenwald. Gönnen wir uns doch eine weitere kleine Brotzeit!

Wir setzen unsere Wanderung auf dem Wirtschaftsweg nach Norden fort, bis wir nach etwa 300 Metern hinter einer Leitplanke den steilen Feldweg nach rechts unten nehmen. Wir gehen an einem Graben entlang, der bei starkem Regenfall die Wassermassen ableitet. Am zweiten querenden Wirtschaftsweg biegen wir nach halb rechts und folgen ihm hinab in Richtung Bodenheim.

Kurz darauf bringen uns große Informationstafeln am Wegesrand die Arbeit im Weinberg näher, und weitere Tafeln informieren uns über Besonderheiten einzelner Rebsorten. Nachdem wir ein großes Hofgut passiert haben, treffen wir auf der rechten Seite auf eine burgähnliche Anlage. Es sind die Überreste des Stiftswingerts vom **Reichsritterstift** ❼ St. Alban, den das Ritterstift als Gebietseingrenzung errichtet hatte. Gegenüber steht an einer Abzweigung eine Albansstatue aus Sandstein, die den enthaupteten Stiftspatron St. Alban zeigt. Wir nehmen uns ein paar Minuten, um von der Hügelseite aus auf den Stiftswingert zu gehen und auf den Hügelkamm zu blicken, auf dem wir vorhin gewandert sind.

Wir gehen weiter über die Straße **Schönbornplatz** nach Bodenheim und biegen in die **Mainzer-Pfort-Straße** nach rechts. Bei unserem Weg durch Bodenheim gibt es immer wieder Fachwerkhäuser und alte Höfe zu bestaunen. Wir schlendern weiter abwärts entlang der

Reichsritterstift

Panoramatour 6

Rathausstraße und folgen der **Jahnstraße** nach rechts, bis sie auf die **Rheinstraße** stößt. Dort können wir bereits weiter vorn unser nächstes Ziel erkennen, den **Battenheimer Hof** ❽. Im gepflasterten Innenhof suchen wir uns einen Tisch und genießen den vorläufigen Ausklang der Wanderung bei regionalen Speisen mit mediterranem Flair.

Nach unserer Stärkung verlassen wir den Battenheimer Hof, überqueren die Rheinstraße und gehen nach rechts vor bis zur **Wormser Straße.** Direkt gegenüber ist der **Bahnhof von Bodenheim.** Wir überqueren die Wormser Straße, um mit der Bahn unsere Rückfahrt anzutreten. Alternativ könnten wir eine Station zurück nach Nackenheim fahren und dort auf dem Parkplatz in unser Auto steigen.

Alles auf einen Blick

WIE & WANN:
Landwirtschaftliche und meist befestigte Wege; Wanderzeit von April bis Oktober

HIN & WEG:
Auto: Parkplatz an der Feuerwehr (am Bahnhof), Im Brühl 15, 55299 Nackenheim (GPS: 49.9183, 8.3415)
ÖPNV: S6 von Mainz Hauptbahnhof oder von Worms Hauptbahnhof nach Nackenheim

Entspannung ★★★★★
Genuss ★★★★★
Romantik ★★★★★

ESSEN & ENTSPANNEN:
Rucksackverpflegung nicht vergessen!
Battenheimer Hof ❽ Rheinstraße 2, 55294 Bodenheim, Tel. (0 61 35) 7 09 40, www.battenheimerhof.com

ENTDECKEN & ERLEBEN:
Carl-Zuckmayer-Denkmal ❶
Kirche St. Gereon ❷ Kirchbergweg 4, 55299 Nackenheim
Eidechsendomizil ❸
Glockenberghütte ❹
Schauinsland ❺
Bodenheimer Hoch ❻
Reichsritterstift ❼

Strandbad und Stecklers Rheinrestaurant

- ❋ 6,9 Kilometer
- ❋ 126 Höhenmeter
- ❋ 3 Stunden
- ❋ Rundweg

Panoramatour 7

Unsere Tour beginnen wir am Parkplatz am Friedhof von Oppenheim. Wir überqueren die Gaustraße und gehen den Weg rechts neben dem Friedhof hinab. Wir folgen dem **Wegezeichen** des **Rheinterrassenwegs** geradeaus und biegen bei der ersten Möglichkeit rechts in einen Wirtschaftsweg.

Reben und Kirche
Über und durch Oppenheim

Der Weg macht eine stetige Linkskurve und steigt leicht an. Ein Blick zurück zeigt das eindrucksvolle Panorama von Oppenheim mit seiner Katharinenkirche. Wir nähern uns einer Baumgruppe auf der rechten Seite des Weges und schauen auf einen gemauerten Brunnen am Wegesrand vor den Bäumen. Der Oppenheimer **Krötenbrunnen** ❶ ist ein früheres Wassersystem zur Versorgung der Stadt mit einem Stollen, der in den Berg führt. Jetzt plätschert das Wasser gemütlich aus dem Brunnenrohr, und auf der Mauer lächelt uns verschmitzt eine steinerne Kröte an.

Wir spazieren weiter gemächlich auf dem Weg und können immer wieder andere Spaziergänger und Wanderer zurückgrüßen. Zwei große Tische des Weines locken uns rechts des Weges. Doch wir sind gerade erst gestartet, und so passieren wir sie.

Als der Rheinterrassenweg nach links unten abbiegt, ignorieren wir das **Wegezeichen** und bleiben auf dem Weg. Rund 700 Meter nach dem Krötenbrunnen stößt unser Weg auf einen von rechts kommenden, dem wir weiter nach links folgen. In einem mit Büschen und Bäumen umgebenen Wegstück macht er

Panoramatour 7

> Jeden 1. Mai führt die Drei-Türme-Wanderung von Nierstein über Trutzturm, Schlossturm und Wartturm auf rund 14 Kilometern mit Ausschank- und Verköstigungsstationen durch die Weinberge.

> Die Burg Landskron wurde Anfang des 13. Jh.s erbaut und später von Bürgern Oppenheims in einem Privilegienstreit zerstört. Die Burg war bei einem Großbrand Oppenheims 1621 ausgebrannt, französische Truppen zerstörten 1689 im Pfälzischen Erbfolgekrieg den verbliebenen Bergfried.

eine Kurve nach rechts oben. Als unser Weg spitz auf den oberhalb verlaufenden Weg stößt, machen wir eine Rechtskehre um fast 360 Grad. Wir sind jetzt auf den Rheinterrassen und immer noch von Weinbergen umgeben.

Oppenheim mit seiner Katharinenkirche ist jetzt schräg rechts vor uns. Vor den Wäldern am Rhein kann man ab und an Segelflugzeuge auf einem Flugplatz bei der Landung beobachten. Das gute Wetter lässt unseren Blick bis nach Frankfurt und zum Melibokus im Odenwald schweifen.

Nach etwa 1300 Metern erreichen wir die **K 44**, die von Oppenheim heraufführt. Wir gehen auf dem kleinen Rasenstreifen ein paar Meter nach links, dann überqueren wir aufmerksam die Straße und biegen auf den gegenüberliegenden Weg hinauf. Nach etwa 450 Metern gelangen wir zu einer Böschung. Hier sieht man oft Greifvögel, die die Aufwinde zum Kreisen nutzen. Rechts, in Richtung Norden, erkennen wir die Stadt Nierstein und den Rhein. Wir wenden uns nach links und gehen zwischen Böschung und Rebstockreihen einen Pfad entlang. Kurz darauf sind wir beim **Trutzturm** ❷ angelangt, von ihm aus haben wir wieder einen weiten Panoramablick, der über den Schwabsburger Schlossturm und den Niersteiner Wartturm bis zum Taunus reicht. Es ist genau das richtige Ambiente für eine Vesper.

Gestärkt wenden wir uns auf dem unterhalb der Böschung liegenden Wirtschaftsweg nach rechts und schlendern für etwa 800 Meter an den Weinbergen entlang bis zu einem kleinen Wäldchen. Hier gehen wir geradeaus am Waldrand weiter und nach rechts an einem Sportplatz vorbei. In der Rechtskurve nehmen wir den einmündenden Wirtschaftsweg links hinab.

Ein Pfad führt links neben zwei WC-Containern für Veranstaltungen unter Bäumen hindurch. Kurz darauf stehen wir vor der Ruine der **Burg Landskron** ❸, die heute eine einzigartige Kulisse für kulturelle und kulinarische Events bietet. Wir wandeln innerhalb ih-

❁ Für die Seele

Wir flanieren durch die Weinberge und tauchen in die Geschichte Oppenheims und des Weinbaus in Deutschland ein.

Burgruine Landskron

Panoramatour 7

Durch die verschiedenen Bauabschnitte erhielt die Katharinenkirche über die Jahrhunderte hinweg auch spätromanische und barocke Elemente. Besonders bekannt ist sie für die „Oppenheimer Rose", ein Rosettfenster mit Glasscheiben aus dem 14. Jh.

rer Mauern und erfreuen uns an dem großartigen Blick über Oppenheim, die Katharinenkirche und die Rheinebene.

Schließlich setzen wir unseren Weg fort. Oberhalb der Ruine führt ein kleiner Pfad nach Oppenheim hinab. An der Straße Zuckerberg angekommen, wenden wir uns nach links. Kurz darauf nehmen wir die schmale **Sparrhofgasse** nach rechts unten und halten uns an der **Katharinenstraße** wieder links. Dann nehmen wir die Treppe zur Kirche empor. Die **Katharinenkirche** ❹ gilt als eine der bedeutendsten gotischen Kirchen zwischen Straßburg und Köln. Nachdem wir uns draußen an einem Modell orientiert haben, betreten wir die Kirche, um sie zu erkunden. Durch eine Tür im westlichen Chor erreichen wir den Raum der Stille. Der nahezu einzige Gegenstand in diesem Raum ist ein in Bronze gegossener 2,50 Meter hoher Engel.

Deutsches Weinbaumuseum

Wir verlassen die Katharinenkirche wieder. Doch bevor wir unsere Wanderung fortsetzen, gehen wir um die Kirche herum auf die Nordseite. Dort befindet sich eine dem Erzengel Michael geweihte Totenkapelle, und wir bestaunen in ihrem Untergeschoss das Beinhaus.

Dann machen wir uns wieder auf. Über die Treppe verlassen wir das Gelände und gehen geradeaus hinunter zum idyllischen **Marktplatz** von Oppenheim. Wir schlendern ein wenig umher und gönnen uns vielleicht ein Eis auf die Hand, um dann schräg gegenüber die **Kirchstraße** hinunterzugehen. Sie stößt nach etwa 200 Metern auf die **Wormser Straße**, in deren weiterem Verlauf wir ein großes Barockgebäude auf der rechten Seite erkennen.

Das **Deutsche Weinbaumuseum** ❺ kommt uns gerade recht. Fast die ganze Wanderung waren wir von Rebstöcken umgeben oder hatten zumindest Aussicht auf

Über und durch Oppenheim

Weinberge. Von daher ist es angebracht, heute hier einen Einblick in den Weinbau zu gewinnen.

Wir verlassen das Weinbaumuseum und gehen die **Wormser Straße** weiter, bis von links die **Gartenstraße** einmündet. Hier nehmen wir die schmale Straße nach rechts, gehen sie vorsichtig hinauf und achten auf möglichen Fahrzeugverkehr. Als die Straße am Ende der Häuserreihe nach rechts abbiegt, gehen wir auf dem Weg geradeaus in die Weinberge. An der nächsten Kreuzung biegen wir nach rechts ab. Wenig später gelangen wir auf diesem Weg zum Friedhof und dem Parkplatz zurück.

Vom Friedhofsparkplatz aus fahren wir die **Gaustraße** nach Oppenheim hinein und dort an dem alten Gautor und dem Zentralparkplatz Kellerlabyrinth vorbei. Die schmale Straße **Amtsgerichtsplatz** führt uns zurück zur Wormser Straße, wo wir rechts abbiegen und bis zum Kreisel fahren. Wir verlassen den Kreisel an der dritten Ausfahrt auf die Friedrich-Ebert-Straße. Am darauffolgenden Kreisel nehmen wir die erste Abfahrt, überqueren den nächsten Kreisverkehr und fahren unter der **B 9** hindurch. Am Kreisel fahren wir über die erste Abfahrt auf die B 9 in Richtung Mainz und biegen wenig später rechts ab in die **Hafenstraße.** Unmittelbar darauf biegen wir links ab in die Straße **Im Herrnweiler,** wo uns ein Schild bereits zum Rheinres-

Blick auf die Burgruine und Katharinenkirche

Panoramatour 7

Die Kanadagans ist die größte Gänseart, die in Europa in freier Wildbahn zu beobachten ist.

taurant weist. Am Ende der Straße biegen wir links in die Straße **Am Stadtbad.** Wir fahren bis zu ihrem Ende, wo wir nach rechts auf die **Rheinstraße** gelangen. Die Straße wird nochmals etwas schmaler, und dann fahren wir vorsichtig über einen Damm in ein Waldstück, wo es direkt rechts weitergeht. Auf der einspurigen Straße achten wir auf Gegenverkehr und weichen gegebenenfalls auf Haltebuchten aus. An ihrem Ende suchen wir uns einen Parkplatz und gehen vor zum Rheinstrand. Wir sind am offenen Strandbad von Oppenheim angelangt.

Auf der Seite sehen wir **Steckler's Rheinrestaurant Oppenheim ➏.** Wir suchen uns einen Platz auf der Terrasse und lassen den Tag vielleicht bei einem leckeren Burger ausklingen.

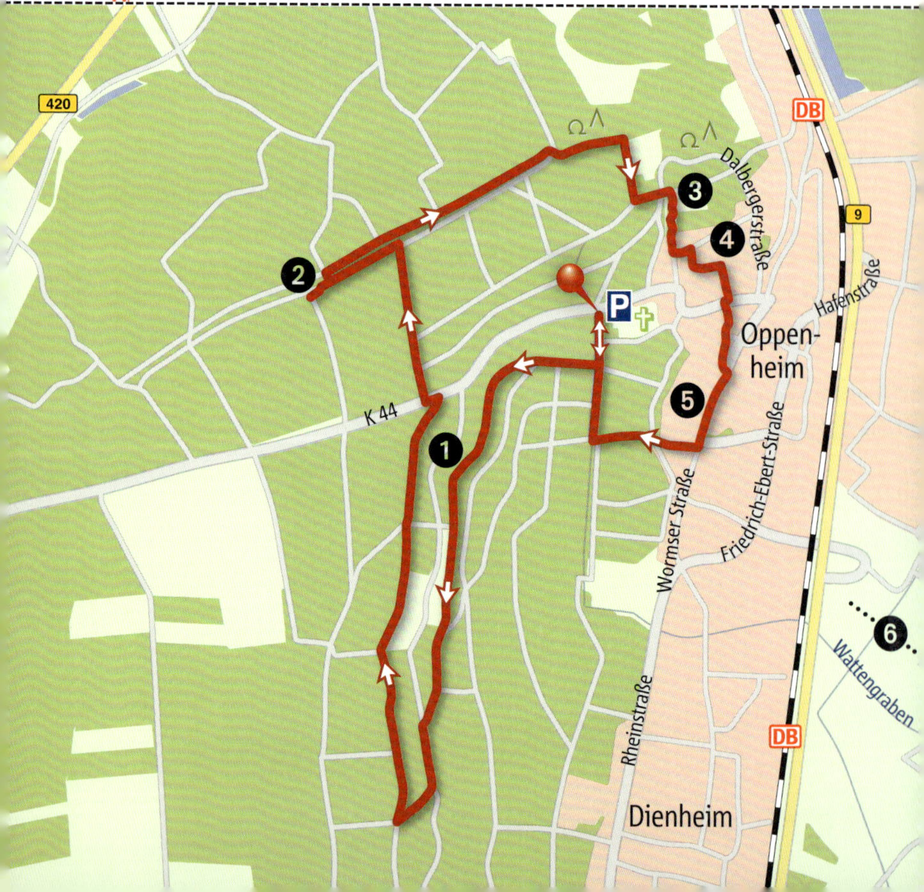

Alles auf einen Blick

WIE & WANN:
Landwirtschaftliche Wege sowie innerörtliche Straßen;
Wanderzeit von April bis Oktober

HIN & WEG:
Auto: Parkplatz am Friedhof, Gaustraße 30, 55276 Oppenheim (GPS: 49.85241, 8.3496)
ÖPNV: Keine direkte Anbindung an die Strecke

Entspannung ★★★★★
Genuss ★★★★★
Romantik ★★★★★

ESSEN & ENTSPANNEN:
Rucksackverpflegung nicht vergessen!
Steckler's Rheinrestaurant Oppenheim ❻ Außerhalb 2, 55276 Oppenheim,
Tel. (0 61 33) 5 71 97 11, www.stecklers-rheinrestaurant.de
Strandbad jederzeit zugänglich (beim Baden Vorsicht bei starker Strömung und Wellen)

ENTDECKEN & ERLEBEN:
Krötenbrunnen ❶
Trutzturm ❷
Burg Landskron ❸
Katharinenkirche ❹ Katharinenstraße 1, 55276 Oppenheim
Deutsches Weinbaumuseum ❺ Wormser Straße 49, 55276 Oppenheim, Tel. (0 61 33) 25 44,
www.dwm-content.de

Panoramatour 8

Vom Niersteiner Marktplatz aus gehen wir die **Karolingerstraße** nach Norden. Während wir auf der schmalen Straße die malerische Stadt verlassen, bestaunen wir an der Mauer eines Weinguts Endstücke von Weinfässern mit den Bezeichnungen hiesiger Weinlagen wie Rehbach oder Ölberg.

Türme und Fluss
Am Roten Hang über Nierstein

Nach dem Weingut begleiten uns die ersten Rebstockreihen neben der leicht ansteigenden Straße. An einer „Rebsortenzeile" informieren wir uns über übliche Rebsorten. Etwa 70 Meter vor einer Kreuzung biegen wir in eine Einmündung nach links ab. Auf dem Weg nimmt die Steigung zu, sodass wir in ein gemütliches Schlendern wechseln. Nach einigen Büschen öffnet sich der Blick auf der linken Seite. Den kleinen Platz mit einem Holzkreuz und einer Tischgruppe nutzen wir für einen ersten Ausblick auf Rhein und Nierstein.

Wir schlendern weiter auf dem Wirtschaftsweg und kommen an der „Roter-Hang-Hütte" vorbei. Die ganze Zeit schon ist der Boden des Hangs rot gefärbt, auch einige Fahnen mit der Aufschrift „Roter Hang" sind uns auf dem Weg aus Nierstein aufgefallen. Als die Straße nach einer kleinen Kuppe zu einer Kreuzung führt, können wir an einem Hangabbruch die starke rote Farbe ganz deutlich erkennen.

Wir überqueren die Kreuzung und nehmen den Weg, der schräg rechts direkt neben der Bankgruppe weiterführt. Auf dem Weg ist immer wieder rote Erde

Die erste urkundliche Erwähnung Niersteins erfolgte 742, doch schon die Römer hatten vor 2000 Jahren eine feste Station für ihre ausgebaute Rheintalstraße zwischen Mailand und der Nordsee sowie einen Rheinübergang.

Das Weinbaugebiet verdankt seinen Namen „Roter Hang" eingelagerten Eisenverbindungen in rotem Ton- und Sandstein. Der Boden prägt einzigartige Weine.

Panoramatour 8

zu sehen. In der leichten Rechtskurve erkennen wir bereits den **Schlossturm Schwabsburg** ❶. Nach einigen 100 Metern gelangen wir in eine scharfe Linkskurve oberhalb der Kirche, die zur Ortschaft Schwabsburg hinabführt.

Wir nehmen den schmalen Pfad nach rechts und dann eine steile Treppe, die uns zum Turm führt. Wir gehen durch die Türöffnung des Turmes und vorsichtig die enge Treppe nach oben. Einerseits achten wir auf unseren Tritt, und anderseits möchten wir die Vögel in den Mauerlöchern nicht stören. Von oben haben wir einen Rundblick über die Hügel, auf Schwabsburg und Nierstein und bis zum Rhein.

Über den Platz nehmen wir den Feldweg in Richtung des Hügelplateaus. In der ersten Einmündung nehmen wir den Feldweg nach rechts. Fast oben wenden wir uns nach rechts und danach sogleich vor einer Hütte nach links. Nach wenigen Metern sind wir oben auf dem Hang. Wir schlendern auf dem grasigen Feldweg noch 200 Meter parallel am Hang entlang, bevor wir für weitere 600 Meter nach links abbiegen. Die Be-

Schwabsburg und Schlossturm

Am Roten Hang über Nierstein

schaffenheit des Weges wechselt immer wieder von einem Feldweg zu einem befestigten Wirtschaftsweg.

Als der Weg auf einen querenden Wirtschaftsweg stößt, wenden wir uns für 300 Meter nach rechts. In der Ferne erblicken wir einen Turm. Doch zunächst biegen wir links auf einen mit Sandsteinen gepflasterten Weg ab, um uns nach weiteren 300 Metern an

 **Für die Seele**
Auf den Rheinterrassen nutzen wir Türme und ein Türmchen für weite Panoramablicke entlang des Roten Hangs.

einer Kreuzung wieder nach rechts und damit endgültig zu dem **Niersteiner Wartturm** ❷ weiterzugehen.

Die Tür des Turmes ist zwar verschlossen, aber dennoch haben wir einen sehr schönen Ausblick. Zunächst wandeln wir ein wenig auf dem Gelände umher, um den Blick in alle Richtungen genießen zu können. Dann setzen wir uns auf eine der Bänke, um uns vielleicht einer Vesper aus unserem Rucksack zu widmen.

Schließlich setzen wir unsere Wanderung auf dem Weg oberhalb des Turms nach rechts fort. An der nächsten Möglichkeit biegen wir nach rechts und gehen direkt in Richtung des unter uns liegenden Rheins. Nach wenigen Metern mündet der Weg in den parallel zum Hang verlaufenden Rheinterrassenweg. Von nun an begleitet uns ein vortrefflicher Ausblick auf die Rheinebene und bis zur Skyline von Frankfurt. Wir gehen nach links weiter auf dem asphaltierten Weg und stoßen kurz darauf auf die **Fockenberghütte am Roten Hang** ❸.

Ab der Hütte folgen wir den **Wegezeichen des Rheinterrassenwegs.** Der Weg macht etwa 400 Meter später eine

Rhein und Nierstein

Panoramatour 8

Linkskurve und umgeht einen Taleinschnitt. Als uns das **Wegezeichen** nach dem Einschnitt wieder direkt in Richtung Rhein leiten will, gehen wir noch zur nächsten Kreuzung und biegen dort erst nach rechts ab.

Wir schlendern den Weg in einer leichten Linkskurve entlang. Bereits früh können wir eine Gruppe kleiner Bäume mit einem kleinen Häuschen erkennen. Nach 850 Metern erreichen wir die Stelle. Bei den Bäumen setzen wir uns auf eine der Bänke und geben uns dem Panorama hin. Dabei bleibt die prägnante **Alte Wingertskapelle 'S Spitzhäusje** ❹ im Vordergrund. Nach einer kleinen Stärkung gehen wir vor und bewundern das Häuschen.

Wenige Meter weiter biegen wir den abschüssigen Weg in Richtung Rhein hinunter. Vor einem weiteren Weinbergshäuschen biegen wir nach rechts zurück in Richtung Nierstein ein. Nach etwa 400 Meter biegen wir den Feldweg nach links ein und gelangen zum Aussichtspunkt **Schönste Weinsicht** ❺. Es gibt die Riesling-Hütte als Unterstand, aber heute setzen wir uns bei schönstem Sonnenschein auf eine Bank und erblicken unter uns den blauen Rhein. Gelegentlich hält ein Winzer auf seiner Weinbergsrundfahrt mit sei-

Weck, Worscht un Woi ist eine einfache Mahlzeit in Rheinhessen, bei der zu einem Brötchen (Weck) kalte Fleischwurst (Worscht) und Wein (Woi) gereicht werden.

Alte Wingertskapelle 'S Spitzhäusje

Am Roten Hang über Nierstein

nem Trecker und Fahrgästen auf dem Anhänger und verteilt WWW – Weck, Worscht un Woi.

Als wir uns wieder aufmachen, folgen wir etwa 400 Meter dem Rheinterrassenweg in Richtung Nierstein und entlang des Taleinschnitts. An der nächsten Einmündung biegen wir scharf nach links und gehen im Taleinschnitt den Wirtschaftsweg hinunter. Während wir noch aus dem Gestrüpp auf der rechten Seite zahlreiche Vogelstimmen vernehmen, verlieren wir schnell an Höhe. Der Taleinschnitt öffnet sich wieder, wir blicken direkt auf den Rhein, doch hier biegen wir nach rechts ab. Und schon geht es wieder den Hang hinauf.

Auf den nächsten 900 Metern bewegen wir uns zwischen Weinbergen im unteren Teil des Hanges. Besonders im oberen Teil können wir die rote Erde des Hanges sehen, auch die Fockenberghütte entdecken wir. Schließlich geht es hinunter, und wir biegen an der Wegemündung nach rechts, um kurz darauf nach links in einen Feldweg einzuschwenken. Wir sind wieder auf dem Rheinterrassenweg und orientieren uns an seinen **Wegezeichen.** Vor uns erhebt sich ein Kirchturm hinter dem Gransberg.

Das **Wegezeichen** des Rheinterrassenwegs leitet uns in einem Bogen zunächst links um den Gransberg, und dann kommen wir auf einem schmalen Pfad an der **Kilianskirche** ❻ an. Wir gehen eine kleine Treppe hinauf zur Kirche und betreten sie. Das eigentliche Innere ist durch ein Gitter vor Diebstahl und Vandalismus geschützt, aber wir halten inne und lassen unseren Blick durch die Kirche schweifen.

Schönste Weinsicht

Panoramatour 8

Nach einem Abstecher auf den Friedhof gehen wir auf die Straße unterhalb der Kirche und folgen ihr an einer Mauer entlang nach Nierstein hinein. An der **Karolingerstraße** biegen wir nach links und legen das letzte Stück bis zum Marktplatz zurück. Wir lassen den Blick über den Marktplatz schweifen und setzen uns auf der rechten Seite an einen der Tische der Gaststätte **Plan B** ❼. Wenn wir unsere Wanderung zeitig am Morgen begonnen hatten, haben wir genügend Zeit für einen gemütlichen Mittagstisch. Als wir uns wieder aufmachen, zieht das auffällige gelbe Eckhaus unseren Blick auf sich. Neugierig geworden, treten wir näher und entscheiden uns abschließend zu einem Besuch des **Paläontologischen Museums von Nierstein** ❽.

Alles auf einen Blick

WIE & WANN:
Landwirtschaftliche und oft befestigte Wege sowie Pfade; Wanderzeit von April bis Oktober

HIN & WEG:
Auto: Parkplatz Nierstein Ortsmitte Süd, Flügelgasse/Heyl'scher Garten,
55283 Nierstein (49.87305, 8.34012), Zuweg über Große Fischergasse, Glockengasse und Langgasse

Entspannung ✦✦✦✦✦
Genuss ✦✦✦✦✦
Romantik ✦✦✦✦✦

ÖPNV: S6 von Mainz Hauptbahnhof oder Worms Hauptbahnhof nach Nierstein;
von dort Zuweg links über B 9, Große Fischergasse, Glockengasse und Langgasse

ESSEN & ENTSPANNEN:
Rucksackverpflegung nicht vergessen!
Plan B ❼ Marktplatz 3, 55283 Nierstein, Tel. (0 61 33) 5 77 98 50, www.planbnierstein.de

ENTDECKEN & ERLEBEN:
Schlossturm Schwabsburg ❶
Niersteiner Wartturm ❷
Fockenberghütte am Roten Hang ❸
Alte Wingertskapelle 'S Spitzhäusje ❹
Schönste Weinsicht ❺
Kilianskirche ❻ An der Bergkirche 28, 55283 Nierstein
Paläontologisches Museum Nierstein ❽ Marktplatz 1, 55283 Nierstein,
Tel. (0 61 33) 60 94 62, www.museum-nierstein.de

- ✺ 7,3 Kilometer
- ✺ 158 Höhenmeter
- ✺ 2,5 Stunden
- ✺ Rundweg

Grandioser Blick vom Scharlachkopf-Rondell

Panoramatour 9

Wir starten unsere Wanderung auf dem Parkplatz der St.-Rochus-Kapelle und bestaunen die in den Himmel strebende Kapelle. Wir widerstehen der Versuchung, sie jetzt näher in Augenschein zu nehmen. Eine kleine Straße führt an einer Abbiegung nach rechts unten, dort informieren wir uns an einer Tafel

Pest und Kanonen
Auf dem Rochusberg über Bingen

über den Historischen Wein-Erkundungspfad. Hölzerne **Hinweisschilder** weisen uns die kleine Straße hinunter zur Bethlehemskapelle und zum Oblatenkloster.

Auf der kleinen Straße stoßen wir unmittelbar auf der linken Seite auf die **Bethlehemskapelle** ❶. Die kleine Kapelle ohne Fenster liegt am Hang direkt unterhalb der Rochuskapelle. Ihr spitzes Dach durchbricht die Decke – so erhält sie ihr Licht von oben. Wir setzen unseren Weg auf der kleinen Straße hinunter in Richtung des Rheins fort. Vor einem kleinen Gebäudekomplex biegt die Straße nach rechts. Hier entnehmen wir einer Tafel des Wein-Erkundungspfads, dass die Ordensmitglieder des Oblatenklosters die Seelsorge in der Rochuskapelle versehen.

Ein Stück folgen wir der Straße bei einer Kurve nach links. Die ganze Zeit erfreuen wir uns an dem Blick zur rechten Seite ins rheinhessische Hügelland. Links am Wegesrand kommt eine Weinbergsmauer hinzu, und vor uns in der Tiefe können wir den Rhein erblicken. Wir halten inne und genießen die **Rheinsicht** ❷. Vereinzelt schippern Fracht- und Ausflugs-

In Bingen ist Rochus von Montpellier, der Schutzheilige der Pestkranken, nahezu allgegenwärtig: 1666 litt die Stadt unter der Pest. Die Bevölkerung baute dem Schutzheiligen eine Kapelle und feiert heute noch ihm zu Ehren im August das Rochusfest.

Die Oblaten der Makellosen Jungfrau Maria sind eine missionarische Ordensgemeinschaft der katholischen Kirche, die sich für Entwicklung und Gerechtigkeit engagiert.

Panoramatour 9

schiffe auf dem Rhein. Auf der rheinhessischen Seite trennen die Ilmenaue und Fulder Aue die Schifffahrt von einem Altrheinarm. Schließlich lassen uns eine Rechtskurve und hohe Hangmauern den Rhein aus den Augen verlieren.

Am Ende der Straße nehmen wir den Weg nach rechts und sehen, dass es auf der Straße stetig bergauf geht. Rechts begleiten uns Weinbergsmauern und später Erdreichhänge, während wir links auf alte Rebstockreihen blicken. Von Tafeln des Wein-Erkundungspfads erfahren wir Wissenswertes über die Gegend und ihre Geschichte. Nach etwa 800 Metern pausieren wir an der Einmündung und erblicken auf der linken Seite eine Holzfigur, sie trägt auf ihrem Rücken eine „Bütte" zum Traubensammeln. Wir biegen nach rechts ab und durchschreiten wenig später das Binger Weintor. An der Straßenkreuzung wenden wir uns nach links in den Rosengartenweg und folgen ihm etwa 1 Kilometer.

Vor einer Baumreihe mit ein paar Bänken biegen wir schräg nach links in einen Feldweg ab. Wir genießen die Aussicht zurück auf die Rochuskapelle und den Rhein. Als wir auf dem Feldweg weitergehen, haben wir nach links einen weiten Blick ins rheinhessische Hügelland und auf das Nahetal. Nach weiteren 500 Metern gelangen wir in ein Waldstück und biegen

Rheinsicht

am Ende des Weges links hinab. Kurz darauf stehen wir auf dem **Scharlachkopf-Rondell** ❸ oberhalb der Weinlage Scharlachberg, die Bekanntheit durch einen Weinbrand erlangte. Wir können uns auf eine der Bänke setzen oder aber vorsichtig auf der niedrigen Ummauerung des Grillplatzes Platz nehmen. Hier verweilen wir für ein paar Minuten.

❁ Für die Seele

Wir umrunden den Rochusberg und begeben uns auf geschichtliche Spurensuche von Tertiär bis Neuzeit.

Links neben einer Schutzhütte biegen wir in den Weg, der wieder in den Wald führt. Hinweistafeln des Waldlehrpfads Rochusberg informieren uns über die Natur. An einer kleinen offenen Stelle mit zwei Bänken können wir den Nahedurchbruch bewundern. Nachdem sich das Mainzer Becken vor Jahrmillionen zurückgezogen hatte, grub die Nahe sich ihr Bett durch das übrig gebliebene Sedimentgestein.

In der ausgehenden Kurve des Weges erhascht unser Blick einen steil von oben kommenden Pfad. Wir steigen ihn vorsichtig bis zu einem Weg empor und biegen links für etwa 100 Meter auf den Weg ein. Rechts von uns ragt der **Kaiser-Friedrich-Turm** ❹ durch die Bäume in die Höhe. In den Wintermonaten ist der Turm aus Sicherheitsgründen geschlossen, doch über die Treppe mit über 100 Stufen gelangen wir heute nach oben, wo wir den 360-Grad-Blick auf Bingen, Nahe, Binger Loch, Mäuseturm, Burg Ehrenfels und Niederwalddenkmal genießen.

Kaiser-Friedrich-Turm

Panoramatour 9

Das Mainzer Becken war vor etwa 31 bis 19 Millionen Jahren ein Meeresarm, in dem sich Sedimente ablagerten. Links des Rheins entspricht das Becken heutzutage ungefähr der Region Rheinhessen.

Wir verlassen den Turm nach links, überqueren einen Weg und folgen dem leicht abschüssigen Spazierweg auf der anderen Seite. Gemütlich wandeln wir durch den Schatten spendenden Laubwald und ignorieren andere Wege. Immer wieder können wir einen Blick auf den Rhein und die Weinberge im Rheingau auf der gegenüberliegenden Seite werfen. An der Einmündung nach 1,3 Kilometern biegen wir nach links ab und queren kurz darauf einen weiteren Weg. Wenig später gelangen wir hinab zur asphaltierten Rochusallee. Wir überqueren vorsichtig die Straße und folgen auf der anderen Seite dem Waldweg.

Ein paar Dutzend Meter später öffnet sich der Spazierweg zu einer kleinen Fläche mit Bänken. Wir können uns einen Augenblick setzen und uns vergegenwärtigen, dass wir uns auf einer der wenigen Waldflächen in Rheinhessen befinden. Als wir die Wanderung fortsetzen, steigen wir eine Treppe in einer Rechtskurve hinab und wenden uns nach rechts. Kurz darauf können wir an einer Wegkreuzung links von uns die sechseckige Taubenhütte ❺ erblicken. Sie bietet einen weiten Ausblick auf den Rhein und den Rheingau. Wir gehen vor bis zum Geländer und genießen das Panorama. Sehr gut können wir die oberhalb von Rüdesheim gelegene Abtei St. Hildegard erkennen.

Wir atmen ein paarmal durch, dann gehen wir die wenigen Meter bis zur Kreuzung zurück und von dort weiter geradeaus nach oben bis zum Waldrand. Auf der quer verlaufenden Pater-Dr.-Josef-Krasenbrink-Allee wenden wir uns nach links und streben unter gewaltigen Kastanienbäumen zur Rochuskapelle. Am Ende des Parkplatzes gehen wir links von der St.-Rochus-Kapelle ❻ auf einem kleinen Pfad entlang. An der Nordseite der Kapelle können wir uns auf einem Bänk-

Taubenhütte

Auf dem Rochusberg über Bingen

chen niederlassen und haben erneut einen schönen Ausblick auf Rhein und Rheingau.

Dann nehmen wir uns die Zeit, die Rochuskapelle zu erkunden. Wir gehen rechtsherum und erblicken auf der Ostseite einen großen Wallfahrtsplatz mit einem Außenaltar. Über spezielle Klappen kann der Schall der Kirchenorgel nach außen geleitet werden. Durch den Eingang auf der Südseite betreten wir die Kirche, die nur für Gottesdienste geöffnet wird. Doch im Eingangsbereich kann man durch ein Gitter den prachtvollen Innenraum bestaunen.

Auf dem Rückweg gehen wir an dem Wallfahrtsplatz vorbei und spazieren nach rechts an Kreuzwegstationen entlang. Einen Pavillon am Rand nutzen wir für einen erneuten Blick auf den Rhein und den Rheingau. Wir versetzen uns in Johann Wolfgang von Goethe hinein, der diese Stelle als „eine der schönsten Örtlichkeiten der Welt" bezeichnete.

Weiter in Richtung Osten gehend, gelangen wir zum Kempter Eck mit seinem hölzernen **Rochuskreuz** ❼. Von hier oben aus haben wir einen prächtigen Blick auf den Rhein, seine Auen und die Überschwemmungsgebiete an den rheinhessischen Ufern. Wir halten inne und können die Stille und die Aussicht genießen. Schließlich gehen wir weiter auf dem Spazierweg und gelangen zwischen Rochuskapelle und Bethlehemskapelle hindurch zum Ausgangspunkt und dem Parkplatz der Rochuskapelle.

St.-Rochus-Kapelle

Wir fahren bis zur ersten Kreuzung und dort rechts die **Rochusallee** hinunter. Nach etwa 650 Metern biegen wir rechts in die **Dr.-Gebauer-Straße** ein. Nach 400 Metern biegen wir links in die **Josef-Knettel-Straße** und fahren hinab bis zur Kreuzung. Wir folgen rechts der Straße **Am Rheinberg** hinunter bis zur Einmündung in

Panoramatour 9

die **Mainzer Straße (L 419).** Rechts sehen wir eine Ampelkreuzung, an der wir links auf die **Hafenstraße** einbiegen und auf einer Brücke die Bahnstrecke überqueren. Wir bleiben noch kurz auf der Hafenstraße und können den Wagen dann auf dem großen Parkplatz abstellen.

Einen der Durchgänge zum Rheinufer nutzen wir, um auf der Promenade nach links bis zu einer kleinen Brücke zu flanieren. Links von uns reckt sich ein alter Hafenkran aus dem Jahr 1487 in den Himmel, daneben beherrscht ein großes Steinhaus die Promenade. Es ist das ehemalige **Zollamt Bingen ❽,** in dem jetzt ein Restaurant seine Bleibe gefunden hat. Bei einem Steak vom Grill und selbst gemachter Limonade genießen wir den Ausklang unseres Ausfluges.

Alles auf einen Blick

WIE & WANN:
Landwirtschaftliche Wege sowie Spazierpfade im Wald; Wanderzeit von April bis Oktober

HIN & WEG:
Auto: Parkplatz Rochusberg-Kapelle, Rochusberg, 55411 Bingen (GPS: 49.96579, 7.92401)
ÖPNV: Bus 607 von Bingen, Stadtbahnhof, nach Bingen, Hildegardishaus; von dort Zuweg über Rochusberg

Entspannung ✹✹✹✹✹
Genuss ✹✹✹✹✹
Romantik ✹✹✹✹✹

ESSEN & ENTSPANNEN:
Zollamt Bingen ❽ Hafenstraße 3, 55411 Bingen, Tel. (0 67 21) 1 86 96 66
www.zollamtbingen.de

ENTDECKEN & ERLEBEN:
Bethlehemskapelle ❶
Rheinsicht ❷
Scharlachkopf-Rondell ❸
Kaiser-Friedrich-Turm ❹
Taubenhütte ❺
St.-Rochus-Kapelle ❻ Rochusberg 2, 55411 Bingen
Rochuskreuz ❼

- 11,4 Kilometer
- 217 Höhenmeter
- 3,5 Stunden
- Rundweg

Durch das Naturschutzgebiet

Panoramatour 10

Wir stehen auf einem kleinen Platz inmitten von Gau-Bickelheim. Das Denkmal in der Mitte erinnert an den Feldzug 1870/71 gegen Frankreich, alte Häuser umgeben den Platz. An einem Gebäude verkündet ein Schild, dass hier das Bürgerhaus steht. Daneben ist eine Bücherei, und schließlich schauen wir

Über den Hängen
Umrundung des Wißbergs

hoch zu einer barocken Madonna, die aus einer Figurennische des alten Rathauses auf uns herabblickt.

Wir gehen am Rathaus vorbei bis zur **Bahnhofstraße** und wenden uns nach rechts. Immer wieder treffen wir auf Weingüter. Auf einer kleinen Brücke über den Wiesbach können wir einer Skulptur des Johannes von Nepomuk, des Brückenheiligen, zuzwinkern. Eine Bahnstrecke überquerend verlassen wir das beschauliche Gau-Bickelheim.

Die schmale Straße führt uns langsam den Hang hinauf und an Stationen eines Kreuzwegs vorbei. Links und rechts des Sträßchens bedecken Weinberge die Hänge. Die Station 7 vom **Kreuzweg Gau-Bickelheim** ❶ erregt unsere Aufmerksamkeit, denn umgeben von roten Rosen und vor den Rebstockreihen öffnet sich uns ein malerisches Bild.

Die Straße macht einen Schlenker nach links, um dann scharf nach rechts und weiter nach oben zu führen. Am Ende des Kreuzwegs gelangen wir zur **Kreuzkapelle am Wißberg** ❷. Die heutige Kapelle wurde Anfang des 20. Jh.s aus Sandstein errichtet und ist ein

Rosen sind für Pflanzenkrankheiten wie Pilze anfälliger als Reben. Sie dienen den Winzern als Frühwarnsystem.

Kreuzkapelle am Wißberg

häufig besuchter Wallfahrtsort. Auf dem Vorplatz verweilen wir für ein paar Momente auf einer der geschwungenen Wohlfühlbänke.

Als wir der Straße weiter folgen, geht es nach einer scharfen Linkskurve weiter nach oben. Unsere Füße freuen sich über die Abwechslung, als der Asphaltbelag der Straße großen Kopfsteinen weicht. Kurz darauf sind wir auf dem 270 Meter hohen Tafelberg angelangt. Über Gau-Bickelheim hinweg können wir den knapp 700 Meter hohen Donnersberg in der Pfalz erkennen.

Wir folgen dem Feldweg nach links am Rande des Wißbergs entlang. Zwischen Windröschen-Büschen können wir immer wieder einen Blick auf das weite Land werfen, und auf der rechten Seite des Weges begleiten uns zuverlässig Rebstockreihen. Schließlich nehmen wir nach etwa 750 Metern vor einem **Hinweisschild für ein Naturschutzgebiet** die erste Abbiegung nach

Arena auf der Via Vinea am Wißberg

Umrundung des Wißbergs

links und begeben uns vorsichtig etwa 300 Meter den abschüssigen Feldweg hinab. **Wegzeichen** weisen uns nach rechts in Richtung Sprendlingen, Freilichtbühne und Via Vinea (Straße in den Weinreben).

Durch die offen gewordene Landschaft schlendern wir bis zur Freilichtbühne Arena am **Wißberg** ❸. Aus einer Idee von fünf Weingütern entstand diese

 Für die Seele

Wir spazieren über den Weinbergen auf einem der Tafelberge Rheinhessens und genießen die Panoramen.

Arena, deren Bauweise an ein antikes römisches Amphitheater angelehnt ist. Die fünf Stelen stehen für den einzigartigen Blick auf die fünf Weinanbaugebiete Rheinhessen, Nahe, Pfalz, Mittelrhein und Hessen. Wir verweilen etwas, bevor wir die Wanderung fortsetzen. Noch keine 80 Meter weiter machen wir an der Einmündung einen kurzen Abstecher nach unten, denn ein paar Dutzend Meter unterhalb steht das Rundidum. Beim Blick durch nebeneinander befindliche Glasscheiben können wir an den Markierungen auf dem Glas erkennen, wohin unser Blick reicht. Umliegende Ortschaften und Sehenswürdigkeiten wie das Binger Loch oder das Niederwalddenkmal sind von hier aus zu sehen.

Dann gehen wir wieder zurück und hinauf, wobei wir den Weg zurück zur Arena ignorieren. Aus dem befestigten Wirtschaftsweg wird ein schmaler Feldweg, und dann umfasst Gestrüpp den grasbewachsenen Weg. Wir folgen dem **Wegezeichen der Via Vinea** und betreten ein **Naturschutzgebiet** ❹ am Hang des Wißbergs. Etwa 450 Meter weit streifen wir auf dem Weg durch das Naturschutzgebiet und erfreuen uns an der

Panoramatour 10

abwechslungsreichen Flora, bis von links ein befestigter Wirtschaftsweg kommt. Direkt gegenüber und links von einer Streuobstwiese biegen wir auf einen schmalen Pfad den Hang hinauf ab. Als der Pfad eine leichte Rechtskurve macht, neigen sich die Sträucher noch näher von links und rechts über uns.

Oben durchstoßen wir mit dem Pfad die Büsche und sind auf dem Wißberg angekommen. Vor den Weinbergen wenden wir uns auf dem Weg nach links und passieren ein großes Holzkreuz auf einer Wiese. Auf der linken Seite beginnt der **Golfplatz** ❺ auf dem Wißberg, und wir können Golfspieler auf dem Grün erkennen. Vor dem Golfplatz biegen wir links auf einen grasbewachsenen Weg ab, bis er nach 100 Metern in einen anderen, ebenfalls grasbewachsenen Weg mündet. Hier biegen wir nach rechts ab. Lange Zeit spazieren wir auf weichem Grasboden zwischen Buschwerk auf der linken Seite und dem Golfplatz auf der rechten Seite. Immer wieder öffnet sich rechts die Bewachsung für einen Blick auf das Hügelland. Wir achten darauf, die weißen Holzpfähle des Golfplatzes immer rechts von uns zu haben.

Nach 1 Kilometer überqueren wir die Straße zum Golfplatz und setzen den Weg am Rand des Geländes fort. Nach 200 Metern biegen wir nach rechts ab und bleiben am Rand des Golfplatzes. Durch die Büsche können wir Schilfröhricht erkennen, und ein kleiner Weiher durchbricht das ebene Bild des Rasens. Zwischendurch sehen wir jetzt immer mal wieder Äcker mit Getreide auf unserer Wanderung. Auf der rechten Seite wird die Sicht zum Golfplatz hin offener, und dann können wir ein Übungsgelände für Golfspieler erkennen.

Schließlich gelangen wir zur nächsten Ecke des Golfplatzes. Ein großer Tisch des Weines lädt zum Verweilen ein. Wir setzen uns und genießen am **Ausblick Wallertheim** ❻ den Panoramablick auf die umgebenden Gemeinden und das rheinhessische Hügelland. Als wir kurz darauf weiter am Golfplatz

Ausblick und Tisch des Weines

Einkehren im Restaurant Gramms

Umrundung des Wißbergs

entlanggehen, kommen wir nach 250 Metern zu einem Gebäudekomplex, der neben Wirtschaftsgebäuden für den Club auch einen Golfshop, ein Hotel und ein Restaurant beinhaltet.

Wir entdecken das **Gramms** ❼, das Restaurant des Golfplatzes auf dem Wißberg. Es ist für jedermann zugänglich. Wir freuen uns über die Gelegenheit und lassen uns im Innenhof an einem Tisch nieder. In aller Ruhe nutzen wir die willkommene Rast und entspannen uns beim Genießen des Essens.

Irgendwann lockt wieder die Wanderung, die wir am Rand des Golfplatzes fortsetzen. Wir gelangen zu der Stelle, an der wir von der Kreuzkapelle heraufgekommen sind. Hier gehen wir kurz hinunter, doch 130 Meter weiter biegen wir scharf rechts in einen Feldweg ab. Zwischen Büschen am Hang über uns und Weinbergen unterhalb von uns flanieren wir den Feldweg etwa 500 Meter entlang. Das Gelände oberhalb von unserem Weg scheint uns wilder geworden zu sein.

Tatsächlich können wir dann vom Weg aus eine Abbruchkante im Hang erkennen. Nach einer Kurve machen wir einen kurzen Abstecher nach rechts und erfahren, dass wir uns in einem **Geotop** ❽ befinden. Durch eine besondere geologische Beschaffenheit kommt es hier am Hang gelegentlich zu Rutschungen, weswegen die Stelle nicht landwirtschaftlich genutzt wird. Auf dem Weg können wir jedoch unsere Wanderung unbesorgt fortsetzen.

Schließlich kommen wir zu einem Holzkreuz mit zwei Bänken. Wir erkennen die Stelle wieder, denn hier sind wir vorhin von oben gekommen und zur Arena weitergegangen. Jetzt allerdings biegen wir scharf nach links ab und gehen den Feldweg schräg abwärts in Richtung Gau-Bickelheim. Wir wollen auf dem Weg zurück ein wenig kreuzend durch die Landschaft schlendern. So biegen wir nach etwa 350 Metern scharf nach rechts und an der nächsten Wegeinmündung nach links ab. An der zweiten Möglichkeit biegen wir nach links ab, und sogleich wieder nach

Als sich vor 28 bis 25 Millionen Jahren in Rheinhessen Tafelberge wie der Wißberg bildeten, kam es zu abwechselnden Bodenschichten. In niederschlagsreichen Jahren gibt es dadurch immer wieder Abbrüche von Hangabschnitten.

Panoramatour 10

rechts. Jetzt können wir geradewegs hinunter nach Gau-Bickelheim gehen.

Wir überqueren den unbeschrankten Bahnübergang und stoßen auf die **Abel-Thivant-Straße**. Wir wenden uns nach rechts und biegen dann nach links in die **Schulrat-Spang-Straße.** Nach einer Linkskurve können wir durch einen kleinen Durchgang zum Wiesbach gehen. Wir wenden uns nach links und schlendern an dem Bächlein entlang bis zur Brücke. Auf der anderen Seite biegen wir links in den Weg **Graben.** Durch eine Laubensiedlung gelangen wir zur **Bahnhofstraße.** Auf ihr sind es nur noch 130 Meter nach rechts bis zum Platz **Am Römer.** Hier lassen wir die idyllische Ortsmitte noch einmal auf uns wirken, bevor wir unsere Wanderung beenden.

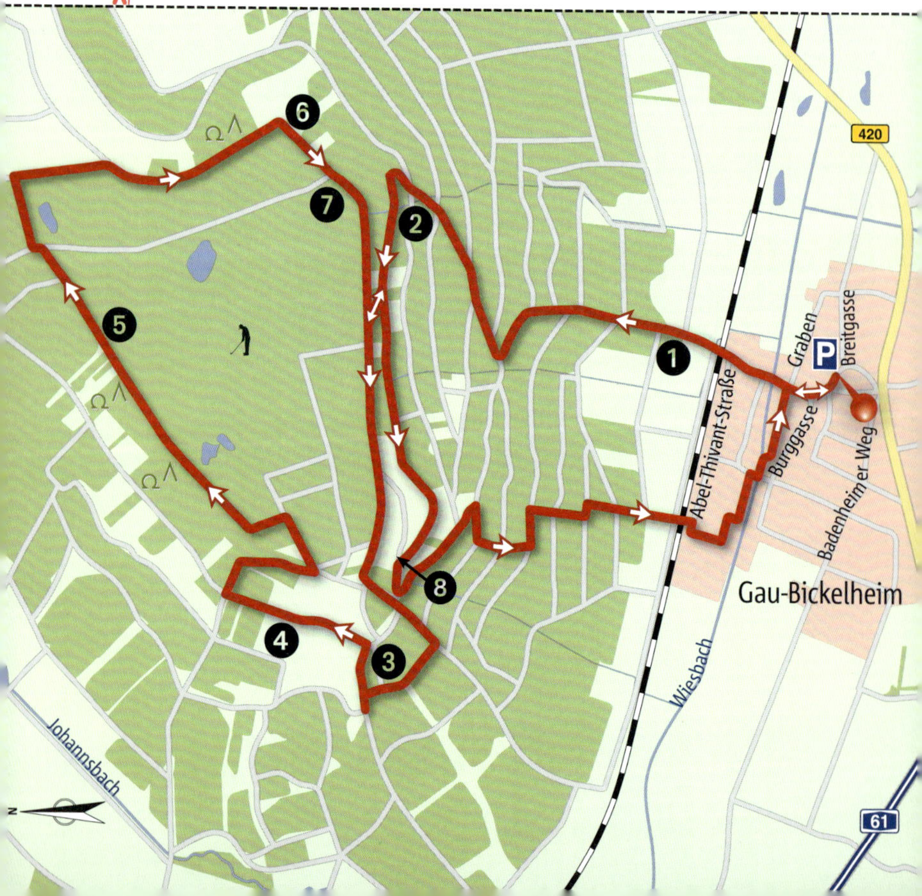

Alles auf einen Blick

WIE & WANN:
Landwirtschaftliche Wege und Pfade; Wanderzeit von April bis Oktober

HIN & WEG:
Auto: Parkplatz Am Römer, 55599 Gau-Bickelheim (GPS: 49.8368, 8.0212)
ÖPNV: Zug von Bingen (Rhein) Stadt oder von Worms Hauptbahnhof nach Gau-Bickelheim; von dort Zuweg über Bahnhofstraße

Entspannung ✹✹✹✹✹
Genuss ✹✹✹✹✹
Romantik ✹✹✹✹✹

ESSEN & ENTSPANNEN:
Gramms Restaurant Hofgut Wißberg ❼ Hofgut Wißberg, 55578 St. Johann, Tel. (0 67 01) 20 54 44, www.gramms-restaurant.de

ENTDECKEN & ERLEBEN:
Kreuzweg Gau-Bickelheim ❶
Kreuzkapelle am Wißberg ❷
Arena am Wißberg ❸
Naturschutzgebiet ❹
Golfplatz ❺ Hofgut Wißberg, 55578 St. Johann, Tel. (0 67 01) 2 00 80, www.gc-rheinhessen.de
Ausblick Wallertheim ❻
Geotop ❽

Verwöhntour 11

Türme und Hohlwege
Von Alsheim nach Guntersblum

Unsere Streckenwanderung beginnen wir am Bahnhof in Alsheim, indem wir auf der **Bahnhofstraße** bis zur **Bachstraße (L 439)** vorgehen. Dort wenden wir uns nach links und schlendern auf dem Bürgersteig etwa 300 Meter bis zur nächsten Kreuzung, um dann rechts in die **Oberdorfstraße** einzubiegen. Links und rechts mischen sich alte mit neueren Häusern. Schließlich biegen wir halb rechts für wenige Meter in die **Mühlstraße**.

Auf der linken Seite ragt eine merkwürdig achteckig geformte Kirchturmkuppel über den Bäumen empor. Wir stehen vor der evangelischen Bonifatiuskirche, die als **Heidenturmkirche Alsheim** ❶ bekannt ist.

Durch das schmiedeeiserne Tor betreten wir das Kirchengelände und entdecken einen parkähnlichen

Vermutlich wurden die Turmkuppeln der rheinhessischen Heidenturmkirchen von heimgekehrten Kreuzfahrern, Pilgern oder Händlern erbaut oder gespendet. Vor ein paar Jahren datierten wissenschaftliche Untersuchungen Turm-Holzbalken auf die Zeit unmittelbar nach dem Ersten Kreuzzug.

Friedhof. Wir wandeln zwischen Efeuranken, Grabmalen und Rosenstöcken, während wir die Kuppel der Kirche bestaunen. Schließlich gehen wir die **Mühlstraße** zurück und biegen rechts in den Kellerpfad ein. Wir laufen bis zu einem steinernen Haus mit dem Schild **Kellerpfad 7**. Links neben ihm öffnet sich durch einen kleinen Durchgang zwischen den Häusern ein enger Pfad, der an einem **Wegezeichen des Lutherwegs 1521** nach links biegt. Dann sind wir auf einen betonierten Weg, dem wir bis zu einem kleinen Anwesen hinter einer mit Pflanzen bewachsenen Mauer folgen.

Hinter dem niedrigen Eisentor und vielen Pflanzen verbirgt sich das das Gasthaus **Zum Alten Kelterhaus** ❷. Die vielen Blumen sowie die Möglichkeit zur Einkehr

Die Dendrochronologie vergleicht Jahresringmuster von Holzstämmen unbekannten Alters mit Vergleichsproben von Holzstämmen mit bekanntem Alter.

Zum Alten Kelterhaus

Von Alsheim nach Guntersblum

sind zu verführerisch: Wir lassen uns auf der Terrasse nieder und stärken uns für die Wanderung mit regionalen Speisen sowie einem Gläschen Wein.

Nach der Pause wandern wir rechts geradeaus auf dem Feldweg weiter. Rechts von uns bedecken Weinberge den Hang, bis wir nach etwa 450 Metern den **Weißmühlbrunnen ❸** erreichen. Wir folgen dem **Wegezeichen des Rheinterrassenwegs** auf dem nach rechts oben führenden Wirtschaftsweg. Nach wenigen Kurven und Abbiegungen stoßen wir nach etwa 700 Metern auf einen Querweg, der sich tief in die Landschaft gegraben hat. Entgegen dem **Wegezeichen** des Rheinterrassenwegs wenden wir uns nach links oben und folgen jetzt dem **Wegezeichen des Rosenbergshohlwegs,** der seinen Namen dem nahezu tunnelartigen Einschnitt

 ## Für die Seele

Wir bestaunen vermeintlich orientalische Kirchtürme, schlendern durch jahrhundertealte Hohlwege und kosten rheinhessischen Wein in einem Aroma-Garten.

in der Böschung verdankt.

Nach drei Kurven und etwa 250 Metern ignorieren wir die vierte Kurve und verlassen den asphaltierten Wirtschaftsweg. Ein paar Meter weiter halten wir inne, um den Panoramablick über Alsheim und die Rheinebene zu genießen. Nach etwa 500 Metern bekommt der Boden des Feldwegs eine Pflasterung. Der Weg scheint sich langsam in den Boden zu versenken, während die Böschung immer höher wird. Zusammen mit einem entgegenkommenden Weg gräbt sich der gepflasterte Weg nach rechts hinab in die Böschung. Teilweise über drei Stockwerke tief sind wir in einem mächtigen **Hohlweg ❹**, der sich in die Steilhänge eingeschnitten hat.

Hohlwege bilden sich durch jahrhundertelange Nutzung in Lößschichten mit Kalkanteil aus der Eiszeit. Wasser wäscht den Kalk aus, und der Löß wird zu einer rutschigen Masse.

Verwöhntour 11

Nach einiger Zeit öffnet sich die Sicht, und wir können Alsheim unter uns erkennen. Der Weg führt uns zur **Mehlpfortstraße (L 438),** die wir vorsichtig überqueren. Wir gehen hinab bis zum Bürgerhaus von Alsheim und folgen rechts von ihm dem **Wahlheimer Weg** und den **Wegezeichen** zum Hohlwegeparadies, dem Helmut-Storf-Platz und dem Rheinterrassenweg. Wir verlassen Alsheim und stoßen kurz darauf auf Tafeln, beispielsweise der WeinAromaMeile, die über die unterschiedlichen Fruchtaromen der Rebsorten informieren.

Nach rund 450 Metern verlassen wir den Rheinterrassenweg und die WeinAromaMeile und gehen links hoch auf dem **Erkundungsweg Krummsteigshohl.** Sein Wegezeichen führt uns durch Weinberge und Hohlwege. Über sie und ihre Geheimnisse gibt es viele Informationen am Wegesrand, zum Beispiel über den 5 Zentimeter großen Ameisenlöwen, ein libellenartiges Insekt, oder die Schornstein-Lehmwespe. An einem Hohlweg und dem **Helmut-Storf-Platz** ❺ halten wir inne und machen eine kurze Rast.

Nach 1,4 Kilometern gelangen wir wieder auf den **Rheinterrassenweg** und folgen seinem **Wegezeichen,** das uns in den Weiler Hangen-Wahlheim führt. Hinter einer kleinen Brücke mit einem blauen Geländer bemerken wir ein Hinweisschild rechts hinein zur **Kirchenruine Maria Magdalena und Jakobus** ❻. Nach rund 100 Metern erreichen wir den Eingang zur Ruine und zu einem historischen Friedhof. Wir lassen die mystische Atmosphäre ein wenig auf uns wirken, bevor wir zur Straße zurückgehen und unseren Weg nach rechts fortsetzen.

Nach 50 Metern biegen wir links in einen Wirtschaftsweg ein. Auch hier weist uns das **Wegezeichen des Rheinterrassenwegs** die Richtung. Ein Genuss, durch die Weinberge zu flanieren! Links von uns befinden sich oft hohe Hänge, und rechts kann unser Blick bereits Guntersblum erhaschen. Rund 550 Meter weiter geleitet uns das Wegezeichen nach rechts hinunter an einem Wingertshäuschen vorbei und weiter nach

Kirchenruine St. Maria Magdalena

Verwöhntour 11

Guntersblum. Erstaunt entdecken wir zwei Kirchtürme, die uns an den Turm der Heidenturmkirche Alsheim erinnern. Kurz darauf biegen wir in einer kleinen Senke nach rechts und hinab nach Guntersblum. An der ersten Kreuzung setzen wir unseren Weg in der Straße **Am Weiberdeich** fort. An der nächsten Kreuzung biegen wir nach links in die **Götzenstraße** und nach weiteren 70 Metern rechts in die **Schlossstraße** ein.

An ihrem Ende liegt das **Leininger Schloss** ❼. Wir folgen der **Promenade** nach rechts, um wenig später nach links einzubiegen und das Schloss näher in Augenschein zu nehmen. Ursprünglich hatten Mitglieder des reichen Adelsgeschlechts Leiningen das Schloss als Residenz erbaut. Im 19. Jh. erwarb die Gemeinde Guntersblum das Kulturdenkmal und nutzt es seitdem als Rathaus. Wenn wir zurückgehen, biegen wir direkt am Leininger Schloss nach rechts in die **Grabenstraße.**

Wir nehmen die zweite Einmündung rechts in die **Donaustraße** und können gut die weiße Kirche mit ihren beiden markanten Türmen erkennen. Als wir vor dem Kirchengelände stehen, nehmen wir noch die **Kirchstraße** nach links und stehen kurz darauf auf dem **Marktplatz** vor der **Heidenturmkirche Guntersblum** ❽. Die Kirche ist täglich von 10 bis 18 Uhr geöffnet, sodass wir respektvoll das Innere betreten und die große Orgel auf der Empore über dem Altar bewundern. Wir

Helmut-Storf-Platz

Von Alsheim nach Guntersblum

Weingut Domhof

können uns für ein paar Minuten setzen und die Kirche auf uns wirken lassen.

Dann wollen wir unsere Wanderung beschließen und zum Bahnhof gehen. Dazu überqueren wir den **Marktplatz** bis zur **Julianenstraße** und gehen nach rechts, bis wir zur **Hauptstraße** gelangen. Ihr folgen wir nach rechts, um kurz darauf wieder nach rechts auf die Alsheimer Straße einzubiegen. Bereits nach 100 Metern biegen wir links in die **Mittelstraße** ab und als Nächstes rechts in die **Bleichstraße.** Ein offenes Hoftor und eine Hinweistafel mit der Aufschrift „Vinothek" lassen uns unvermittelt abbremsen. Verstohlen werfen wir zunächst einen Blick in den Hof und betreten dann das **Weingut Domhof** ❾.

Wir treffen auf Alexander Baumann, und schon stehen wir in seiner Vinothek und probieren Weine. Während wir zwischen Riesling und Sauvignon Blanc hin- und hergerissen sind, fällt unser Blick auf die Gartenanlage. Kurz darauf wandeln wir an Pfirsich, Orangenthymian, Waldmeister und Birne entlang. Da wir uns nicht auf einen der Weine festlegen können, kaufen wir gleich mehrere Flaschen. Zum Glück können wir uns den Wein zuschicken lassen.

Das weitverzweigte Adelsgeschlecht Leiningen gehörte dem Hochadel an und stammte aus dem pfälzischen Raum. Seine Anfänge lassen sich bis ins 12. Jahrhundert verfolgen.

Verwöhntour 11

Schließlich nehmen wir unsere Wanderung wieder auf und gehen die **Bleichstraße** bis zu ihrem Ende an der **Nibelungenstraße.** Auf der gegenüberliegenden Seite nehmen wir einen kleinen Weg in das Wohngebiet hinein bis zur **Xantener Straße** und folgen ihr nach links. Kurz darauf biegen wir zwischen zwei Wohnhäusern auf der linken Seite in einen kleinen Durchgang ein. Nach einer Rechtskurve mündet unsere Strecke in einen weiteren kleinen Weg. Auf ihm geht es nach rechts und zwischen Gestrüpp und efeubewachsenen Bäumen weiter. Wir nehmen auf der linken Seite eine kleine Holzbrücke, und dann stehen wir auf dem Bahnsteig des Bahnhofs von Guntersblum. Während wir auf unseren Zug warten, freuen wir uns bereits auf den rheinhessischen Wein.

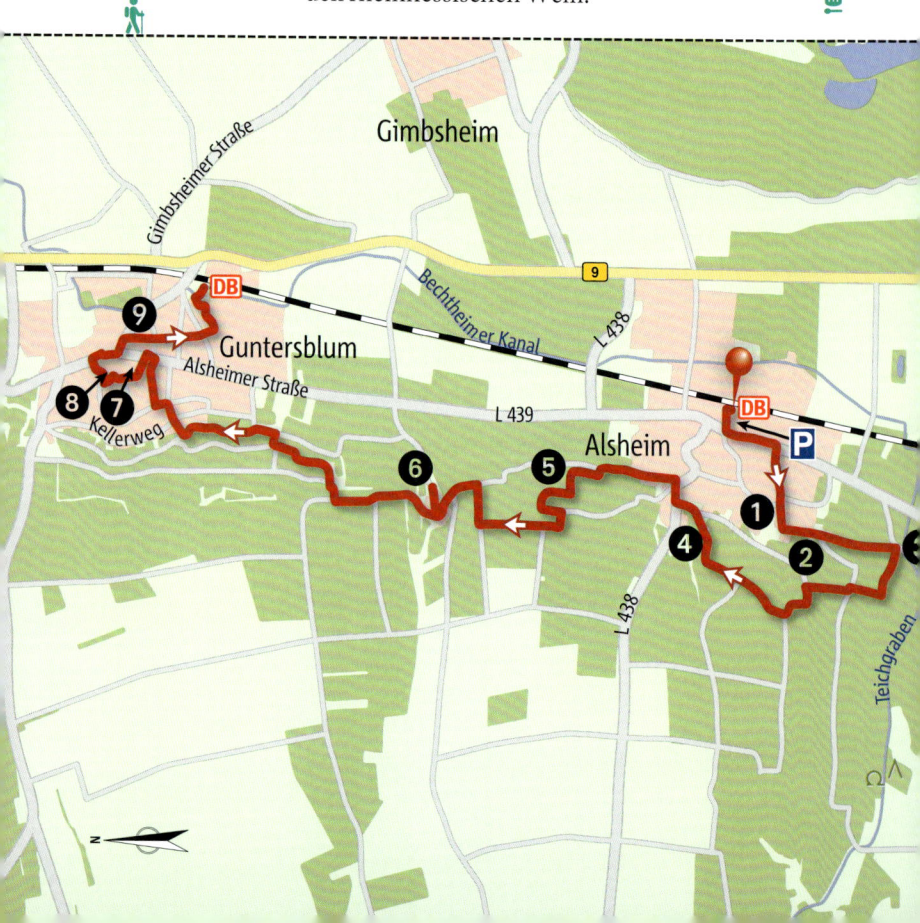

Alles auf einen Blick

WIE & WANN:
Landwirtschaftliche, oft befestigte Wege; Wanderzeit von April bis Oktober

HIN & WEG:
Auto: Parkplatz am Bahnhof, Bahnhofstraße, 67577 Alsheim (GPS: 49.76538, 8.34233)
ÖPNV: S6 von Mainz Hauptbahnhof oder von Worms Hauptbahnhof nach Alsheim

ESSEN & ENTSPANNEN:
Zum Alten Kelterhaus ❷ Außerhalb 7, 67577 Alsheim, Tel. (0 62 49) 57 02, www.zumaltenkelterhaus.de

ENTDECKEN & ERLEBEN:
Heidenturmkirche Alsheim ❶ Mühlstraße 31, 67577 Alsheim
Weißmühlbrunnen ❸

Entspannung ✹✹✹✹✹
Genuss ✹✹✹✹✹
Romantik ✹✹✹✹✹

Hohlweg ❹
Hohlweg und Helmut-Storf-Platz ❺
Kirchenruine Maria Magdalena und Jakobus ❻
Leininger Schloss ❼ Alsheimer Straße 29, 67583 Guntersblum
Heidenturmkirche Guntersblum ❽ Kirchstraße 3, 67583 Guntersblum
Weingut Domhof ❾ Bleichstraße 12–14, 67583 Guntersblum,
Tel. (0 62 49) 80 57 67, www.weingut-domhof.de

In Trautweins Weinberg-Restaurant

- ❈ 13,5 Kilometer
- ❈ 173 Höhenmeter
- ❈ 4,5 Stunden
- ❈ Rundweg

Verwöhntour 12

Von der Adelberghalle aus beschreiten wir die **Berliner Straße** und folgen dem **Wegezeichen** für den Zuweg zur **Hiwweltour Aulheimer Tal.** Wir biegen links in die **Erbes-Büdesheimer Straße,** dann in die **Adelbergstraße** ein und gelangen so hinaus zu einem verlassenen Bahnübergang mit überwucherten Bahngleisen.

Jetzt sind wir auf der Hiwweltour Aulheimer Tal, deren **Wegezeichen,** einem geschwungenen „h" vor blauem Himmel und grünem Boden, wir ab hier folgen. Zunächst halten wir jedoch am **Jüdischen Friedhof Flonheim** ❶. Andächtig blicken wir durch eine schmiedeeiserne Tür auf etwa 60 Grabmäler aus Sandstein, die von einer ehemaligen jüdischen Gemeinde berichten.

Stein und Wein
Flonheim, Bornheim und Lonsheim

Schließlich setzen wir unseren Weg auf dem Wirtschaftsweg etwa 250 Meter nach oben fort und biegen nach links ab. An einem Waldstückchen angelangt, gehen wir rechts an seinem Rand entlang. Gelegentlich gelingt uns ein Blick durch Büsche und Bäume zu unserer Linken in einen überwucherten Abgrund. An einer Wasserversorgungsanlage vorbei gelangen wir auf einen Wirtschaftsweg. Auf der anderen Seite erkennen wir das Naturfreundehaus Flonheim, nach dem wir auf einen schmalen Naturpfad in ein Landschaftsschutzgebiet biegen. Wir gehen an einer alten Kelter und einer Bankgruppe vorbei und wenden uns auf dem Weg nach links. Zunächst geht es am Waldrand entlang, doch schnell verschwinden wir im Wald

Vor 1000 Jahren begann die Geschichte der jüdischen Gemeinden in der Gegend. Die SchUM-Städte Mainz, Worms und Speyer prägen seitdem Architektur, Kultur, Religion und Rechtsprechung der mittel- und osteuropäischen Juden. SchUM ist ein Akronym der hebräischen Städtenamen von Speyer, Worms und Mainz.

Im Hauck'schen Steinbruch

Flonheim, Bornheim und Lonsheim

auf einem Pfad. Auch hier können wir hinter einem Zaun einen Abgrund erkennen. Zweimal folgen wir an Abbiegungen dem **Wegezeichen der Hiwweltour** und bleiben auf dem ausgewiesenen Naturpfad. Schließlich, kurz bevor wir durch eine Lücke ins Helle hinauswollen, leitet uns das Wegezeichen nach rechts und im Zickzack den Hang hinauf. Vorsichtig setzen wir unsere Füße auf den mit Wurzeln durchzogenen Pfadboden. Über eine kleine Treppe gelangen wir hinunter auf den Sedanplatz. In seiner Mitte ist ein großer Stein mit einer Gedenkplatte für Ludwik Lejzer Zamenhof, der unter dem Pseudonym Esperanto die gleichnamige Sprache erfand. Nach etwa 100 Metern verlassen wir den Naturpfad, biegen links ab und folgen dem Wegezeichen der Hiwweltour.

🌼 Für die Seele

Wir streifen durch Wäldchen, Weinberge und Steinbrüche und lassen uns in Flonheim verwöhnen.

Eine Tafel erregt unsere Neugier. Wir sind im **Hauck'schen Steinbruch ❷**. Rund um Flonheim wurde in 16 Steinbrüchen jahrhundertelang ein charakteristischer gelber Sandstein abgebaut. Lange schon ist keiner der Steinbrüche mehr in Betrieb, und die Natur erobert sich Stück für Stück ihr Revier zurück. An einer Stelle legen wir unsere Hand an eine Wand und lassen den Sandstein auf uns wirken.

Wir setzen unsere Wanderung auf dem Pfad im Wäldchen langsam nach unten fort und gelangen auf einen Weg nach rechts, auf den ein Pfad mit dem **Wegezeichen** der Hiwweltour folgt. Ein Stück begleitet uns linker Hand eine Buschreihe, dann öffnen wir eine Holztür und schreiten auf dem Weg nach rechts.

Sandstein entsteht durch Ablagerungen kleiner Körner verschiedener Materialien, die in langen Zeiträumen zusammengepresst werden. Er ist gut zu verarbeiten, verwittert aber schnell.

Bornheimer Aussichtsturm

Flonheim, Bornheim und Lonsheim

Wir genießen den Ausblick auf Rebstockreihen, die Hügellandschaft und die Ortschaft Bornheim. An einer Tischgruppe inmitten von Büschen wenden wir uns nach links und folgen ein kurzes Stück dem gepflasterten Weg, um dann schräg rechts auf einen Feldweg abzubiegen. Der verengende Weg führt durch Büsche mit Windröschen, dann können wir auf dem Hang über den Rebstöcken einen Turm erkennen. Wir folgen dem Weg in einer Kurve und machen dann einen kurzen, aber steilen Abstecher zum **Bornheimer Aussichtsturm** ❸. Die Treppe emporgestiegen, genießen wir in aller Ruhe den Ausblick. Neben dem Turm lassen wir uns kurz auf einer der Bänke nieder und stärken uns mit einer kleinen Vesper.

Wir gehen wieder zur Hiwweltour hinunter und folgen ihr zwischen den Weinbergen hindurch und nach einer Abbiegung nach links bis zum Wanderparkplatz Oswaldhöhe. Auf einem Pfad direkt vor uns betreten wir das Waldstückchen und folgen weiterhin dem **Wegezeichen.** Nach etwa 200 Metern biegen wir dem Wegezeichen folgend auf einen Weg nach links. Wir durchqueren eine Lichtung und verlassen nach weiteren 200 Metern den Wald. Dort wenden wir uns nach rechts und schlendern auf dem grasigen Feldweg etwa 500 Meter am Rand des Waldes entlang. Wir treffen auf einen gepflasterten Weg, kürzen die Hiwweltour ein wenig ab und schreiten den Weg steil nach oben.

Am Wanderparkplatz Auf der Hemm treffen wir wieder auf die Hiwweltour und biegen rechts in einen Pfad. Nach etwa 100 Metern erkennen wir durch die Bäume einen Pavillon, Bankreihen und ein Türmchen. Dann stehen wir schon vor dem **Lonsheimer Aussichtsturm** ❹. Mit einer Tafel erinnert die Gemeinde Lonsheim an den Feldzug 1870/1871. Wir steigen die Treppe hinauf, die um den Turm führt, und dann im Inneren eine schmale Wendeltreppe bis nach oben. Dort erfreuen wir uns an dem Ausblick auf Bornheim und die rheinhessische Hügellandschaft.

Verwöhntour 12

Wieder unten angekommen, folgen wir dem weiteren Verlauf des Pfades durch den Wald. Drei Abbiegungen und etwa 800 Meter weiter stoßen wir auf einen von rechts kommenden Weg, dem wir nach links folgen. Als uns kurz darauf das Wegezeichen nach rechts leiten will, gehen wir geradeaus weiter und genießen das helle Licht, das durch das Blätterdach leuchtet. Am Ende des kleinen Weges wenden wir uns nach rechts und gelangen auf der Betonstraße bald wieder auf die Hiwweltour. Am Ende des Waldes folgen wir dem **Wegezeichen** nach links.

Am Rande des Hügeltableaus geht es 800 Meter auf der Hiwweltour weiter, bis wir links einen Schotterweg in ein sanftes Tal hinabsteigen. Wir wenden uns nach rechts und schlendern durch das idyllische **Aulheimer Tal ❺.** Immer wieder nehmen wir uns Zeit, um anzuhalten, die vielfältigen Pflanzen zu bewundern und ihren Duft zu genießen. Nach rund 700 Metern führt uns das **Wegezeichen** der Hiwweltour rechts durch einen Hohlweg nach oben.

Ein Trullo ist ein in Apulien vorkommendes Rundhaus mit einem sich nach oben verjüngenden Steindach. Ob tatsächlich italienische Arbeiter die Bauweise nach Rheinhessen brachten, ist unklar.

Trullo auf dem Adelberg

Flonheim, Bornheim und Lonsheim

Im Andesitbruch

Nach mehreren Abbiegungen und etwa 1,1 Kilometern erreichen wir den **Trullo auf dem Adelberg** ❻. Wir bestaunen das ungewöhnliche Wingertshäuschen mit seinem runden weißen Mauerwerk und dem spitzen Dach. Der Bauherr Johannes Zimmer ließ es 1756 errichten. Wir stellen uns vor, wie Winzer sich hier ausruhten und dabei die Aussicht auf das Aulheimer Tal genossen.

Nun geht es auf der Hiwweltour steil hinunter und zurück ins Aulheimer Tal, wo wir vor der Aulheimer Mühle den Feldweg das Tal hinab nehmen und dort ehemalige **Andesitbrüche** ❼ entdecken.

Nach etwa 1 Kilometer erreichen wir einen Wanderparkplatz. Davor geht es rechts ab und sofort nach links unten. Wir schlendern im Tal **am Wiesbach** ❽ entlang, Feuchtigkeit durchzieht den Weg. Gelegentlich steigen wir an offenen Stellen zum Wiesbach hinab, wo sich das Plätschern zu einem Rauschen verstärkt.

Ungefähr 1 Kilometer weiter erreichen wir eine kleine Steinbrücke, wo uns die Hiwweltour nach rechts und nach oben führt. Plötzlich sind wir auf dem Küstenweg, der am ehemaligen Meeresarm des

Andesit ist ein vulkanisches Gestein, das beispielsweise aus Lavaströmen entsteht. Es wird in der Bildhauerei oder als Schotter für Straßen verwendet.

Verwöhntour 12

Mainzer Beckens von vor 30 Millionen Jahren entlangführt. Rechts auf einer Böschung erkennen wir die überwachsenen Bahngleise der Wiesbachtalbahn. Schließlich kommen wir zu dem Bahnübergang, den wir zu Beginn unserer Wanderung überquert haben. Wir gehen zurück zu unserem Wagen an der Adelberghalle. Um den Tag abzurunden, fahren wir zum **Marktplatz** in Flonheim. Ihn erreichen wir mit dem Wagen über die **Berliner Straße**, die **Bahnhofstraße** und die **Alzeyer Straße.**

Den Wagen stellen wir am Marktplatz ab. Unsere erste Station ist die Vinothek **Weingut Klosterhof ❾**, die direkt am Marktplatz links neben der Flonheimer Kirche liegt. Über eine kleine Treppe betreten wir das Eckhäuschen, in dem uns Anke Schäfer-Graß begrüßt. Sie ist Kultur- und Weinbotschafterin Rheinhessen und beantwortet geduldig unsere Fragen zur Gegend und zum Thema Wein. Schnell mündet dies in einer kleinen Weinprobe. Als wir die Vinothek verlassen, verstauen wir die erworbenen Weinflaschen in unserem Wagen.

Wir überqueren den Marktplatz und gehen links an der Seite des großen roten Hauses hoch in die **Flonheimer Infothek ❿,** wo wir uns auf eine Entdeckungsreise in die Geschichte begeben.

Kultur- und Weinbotschafter Rheinhessen vermitteln Wissenswertes über Geschichte, Kultur, Natur und Weinbau Rheinhessens.

Weinprobe in der Vinothek Klosterhof

Terrassenausblick Trautweins Weinberg

Verwöhntour 12

So gefesselt wir von den Eindrücken sind, so wollen wir uns doch noch kulinarischen Genüssen hingeben. Wir fahren vom Marktplatz aus über **Obergasse**, **Am Obertor** und **Hauptstraße** in den Ortsteil Uffhofen. Nach etwa 1,3 Kilometern biegen wir rechts in die **Hohlstraße** ein. Kurz außerhalb des Ortsteils erblicken wir unser Ziel, **Trautweins Weinbergs-Bistro im Winzerhotel ⓫.** Nadeschda Schmitt und Frank Spaleniak haben hier ein Winzerhotel mit einem veganen Restaurant eröffnet. Wir nehmen Platz auf der Terrasse und wählen aus Tapas, Bowl-Gerichten, Salaten und Hauptspeisen unser Essen. Übers Tal hinweg können wir in der Ferne den Trullo auf dem Adelberg erkennen.

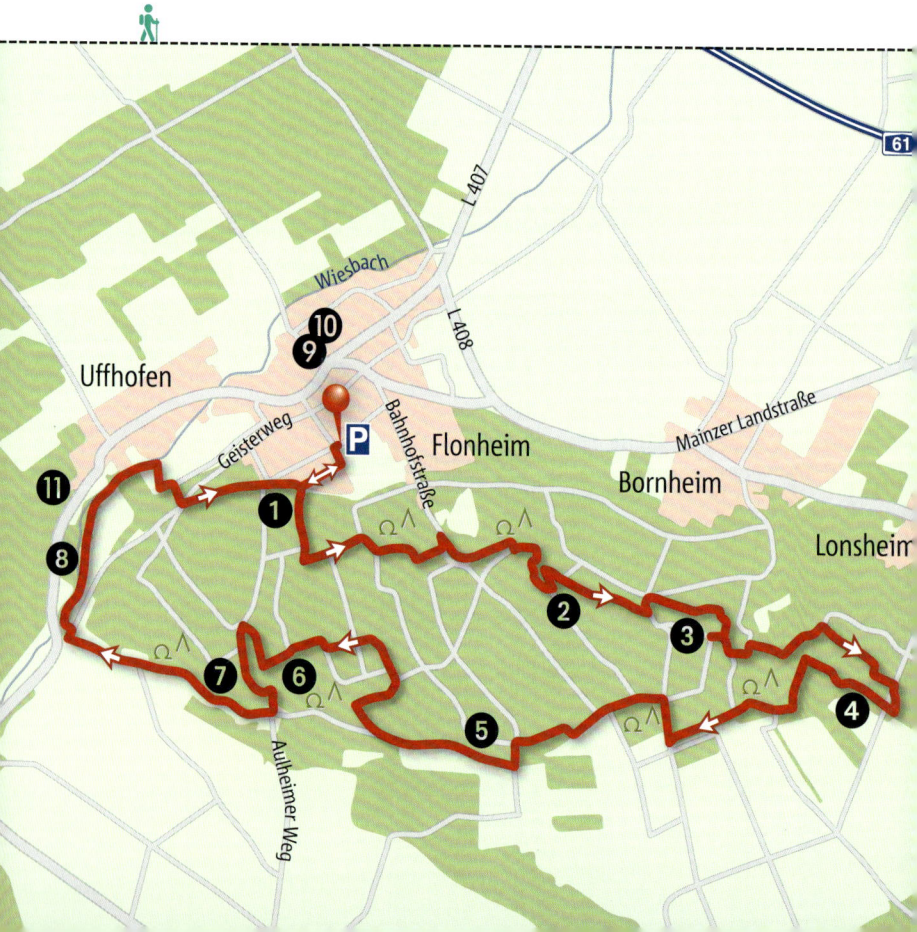

Alles auf einen Blick

WIE & WANN:
Landwirtschaftliche Wege und Pfade; Wanderzeit von April bis Oktober

HIN & WEG:
Auto: Parkplatz an der Adelberghalle, Berliner Straße 16, 55237 Flonheim (GPS: 49.78252, 8.03765)
ÖPNV: Bus 446 von Alzey, Bahnhof, nach Flonheim, Friedhof; von dort Zuweg über Bornheimer Landstraße, Bahnhofstraße und Berliner Straße

ESSEN & ENTSPANNEN:
Rucksackverpflegung nicht vergessen!
Vinothek Weingut Klosterhof ❾ Schulgasse 4, 55237 Flonheim, Tel. (0 67 34) 12 08, www.klosterhof-flonheim.de
Trautweins Weinbergs-Bistro im Winzerhotel ⓫ Außerhalb 12, 55237 Flonheim, Tel. (0 67 34) 2 61 06 19, www.winzerhotel-la-roche.de (Tischreservierung empfehlenswert)

Entspannung ✦✦✦✦✧
Genuss ✦✦✦✦✦
Romantik ✦✦✦✦✦

ENTDECKEN & ERLEBEN:
Jüdischer Friedhof Flonheim ❶
Hauck'scher Steinbruch ❷
Bornheimer Aussichtsturm ❸ www.hiwwelrast.info
Lonsheimer Aussichtsturm ❹ www.hiwwelrast.info
Aulheimer Tal ❺
Trullo auf dem Adelberg ❻
Andesitbrüche ❼
Am Wiesbach ❽
Flonheimer Infothek ❿ Marktplatz 12, 55237 Flonheim, Tel. (0 67 34) 9 13 06 57, www.flonheim.de

Entschleunigungstour 13

Auf dem Parkplatz wenden wir uns vor der Schutzhütte des Grillplatzes nach rechts und folgen dem **Wegezeichen der Hiwweltour Neuborn,** einem geschwungenen „h" mit blauem Himmel und grünem Boden, auf einen Pfad.

Der Pfad führt an Büschen entlang, dann geht es auch schon nach links und abwärts. Wir biegen einmal rechts und einmal links ab und achten auf den feuchten und glitschigen Boden. Kurz darauf stehen wir auf einem kleinen asphaltierten Weg. Durch Büsche und einen Zaun können wir vor uns ein Schwimmbad schimmern sehen, das wir uns für später vormerken. Auf dem asphaltierten Weg wenden wir uns nach rechts und erreichen die **Rommersheimer Straße (K 16).** Wir folgen dem **Wegezeichen** der Hiwweltour auf dem Fußweg und gehen bis zur Einmündung der **Rheingrafenstraße.** Vorsichtig überqueren wir die Rommersheimer Straße und setzen die Wanderung auf ihrer linken Seite bis zur Kurve fort. Hier verlassen wir die Straße und nehmen den Weg am Rand des Wohngebiets. Nach etwa 60 Metern biegen wir links ab.

Burgund und Grün
Bei Wörrstadt und Neuborn

Gemütlich schlendern wir auf dem Weg inmitten von Rebstockreihen. Nach etwa 400 Metern machen wir einen kleinen Abstecher zum **Burgunderturm ❶.** In einer Höhe von 8 Metern lassen wir den wunderbaren 360-Grad-Blick auf das umgebende grüne Rebenmeer und auf die Hügellandschaft auf uns wirken. Im Norden können wir in der Ferne den Taunus erblicken,

Entschleunigungstour 13

Der Aussichtsturm ist den Weinbergstürmen in Burgund nachempfunden und trägt seine Farbe zu Ehren der Partnerschaft mit der französischen Region Burgund.

und im Nordwesten erhebt sich der Tafelberg des Wißbergs. Wir drehen uns noch einmal herum, dann gehen wir hinunter und zurück zur Hiwweltour.

Dem **Wegezeichen** der Hiwweltour für einige Abbiegungen folgend, verlassen wir nach etwa 500 Metern die Höhe und gehen einen steilen Weg nach unten. An einer Schutzhütte wenden wir uns auf dem Weg nach rechts und können vor uns am Hang bereits ein Weinbergshäuschen sehen. Es bildet mit seinen glatten Wänden und kargen Flächen einen Kontrast zu den sonst üblichen Weinbergshäuschen. Die Hiwweltour führt unterhalb des Häuschens vorbei, doch ein **Wegezeichen** zeigt uns den steilen Zuweg zum **Weinberghaus Perka** ❷. Sein verschobener Grundriss und die kargen Flächen irritieren ein wenig. Doch wir verweilen hier gerne etwas und genießen die Aussicht auf den Wißberg, den Donnersberg und bis zum Rheingraben.

Schließlich steigen wir wieder hinab zur Hiwweltour und folgen ihr bis zu einem Strommast auf der

Blick auf Rommersheim vom Weinberghaus Perka

Bei Wörrstadt und Neuborn

linken Seite. Wir verlassen den bisherigen Weg und gehen links vom Strommast auf einem mit Gras bedeckten Weg weiter. Als es dann querab nach rechts und weg von der Böschung geht, führt uns ein Weg den kleinen Hügel hinauf zur **Winzerrast Greifenberg ❸**. Wir legen an einem Tisch des Weines eine Vesper-Pause ein und lassen dabei den Rundumblick auf grüne Weinberge, den Wißberg und den Hunsrück auf uns wirken. An Informationstafeln stöbern wir in der römischen Vergangenheit der Gegend.

Das Wegezeichen der Hiwweltour führt uns den Hügel hinab und dann durch eine Lücke ins Gebüsch. An einem Teich vorbei gelangen wir ins Freie, wo wir den Neuborner Bach überqueren und geradeaus dem Rommersheimer Bach auf seiner linken Seite folgen. Das **Wegezeichen** und der Bach geleiten uns in das Örtchen Rommersheim, wo wir die Straße **An den Mühlen (K 16)** vorsichtig überqueren.

Auf der **Hauptstraße** schlendern wir zum **Marktplatz Rommersheim ❹** und genießen die Eindrücke des pittoresken Örtchens. Der Marktplatz ist geprägt von der evangelischen Kirche mit einem barocken Zwiebel-

Für die Seele

Wir schlendern durch grüne Rebenmeere und ein pittoreskes Dörfchen.

turm und alten Fachwerkhäusern wie dem ehemaligen Rathaus. An Hauswänden empor und teilweise über die Straßen hangeln sich Rebstöcke. Als wir die **Hauptstraße** weitergehen, bestaunen wir die liebevoll erhaltenen Fachwerkhäuser.

Wir verlassen Rommersheim über die Straße **Am Somborn** und folgen weiter dem **Wegezeichen** der Hiw-

Entschleunigungstour 13

Winzerrast Greifenberg

weltour den Hügel hinauf. An seinem Hang gelangen wir zum Rommersheimer Steinkreuz, wo wir kurz innehalten. Schließlich folgen wir dem **Wegezeichen** der Hiwweltour etwa 2 Kilometer durch grüne Weinberge. Dabei überqueren wir nach etwa 500 Metern die **K 17** und achten auf den Straßenverkehr. Fast die ganze Zeit über erblicken wir den Burgunderturm. Immer wieder geht es kurz hinab und hinauf, doch wohlbehalten erreichen wir ein grünes Wäldchen.

Am ihm geht es kurz rechts entlang, bevor wir in das Wäldchen selbst eintauchen. Der Pfad führt uns in einen Einschnitt hinab und an einem Vereinshaus vorbei. Wasser plätschert aus der Neubornquelle, dann sind wir auch schon an der **Waldgaststätte Neuborn** ❺. Wir finden, dass es Zeit für eine kleine Einkehr ist, und lassen uns im Biergarten nieder. Während wir eine rheinhessische Kleinigkeit zu uns nehmen, lassen wir die urige Atmosphäre auf uns wirken.

Wir entschließen uns zum Aufbruch und folgen links neben dem Tanzboden auf einem Pfad dem **Wegezeichen** der Hiwweltour. Sogleich hören wir wieder ein Plätschern, das diesmal von einem Brunnen kommt. Über einige Brunnenstufen fließt das Wasser

Born ist eine historische Bezeichnung für einen Brunnen oder eine Quelle.

Entschleunigungstour 13

zum Neuborner Bach hinab, wo ein Pfad rechts in den Wald eintaucht. Nach etwa 150 Metern steigt der Pfad kurz steil an, und schon stehen wir am Wanderparkplatz.

Vom Parkplatz aus fahren wir über die Straße **Neuborn** auf die **L 401** in Richtung Wörrstadt. An einer Einmündung biegen wir links in die **B 420** und folgen ihr etwa 900 Meter bis zur **Rommersheimer Straße (K 16).** Wir biegen links ab und fahren aus Wörrstadt hinaus und abwärts. Nach etwa 1,4 Kilometern biegen wir links in eine kleine Straße zum **Neubornbad Wörrstadt** ❻ und zu seinem Parkplatz ab. Wenig später lassen wir im Bad die Seele baumeln und genießen auf unserer Badematte die Lage des Schwimmbads in einer Talmulde zwischen Wiesen und Weinbergen.

Alles auf einen Blick

WIE & WANN:
Landwirtschaftliche Wege und Pfade; Wanderzeit von April bis Oktober.

HIN & WEG:
Auto: Wanderparkplatz am Neuborn, Neuborn 1, 55286 Wörrstadt (GPS: 49.8287, 8.10821)
ÖPNV: Zug von Mainz Hauptbahnhof oder von Alzey nach Wörrstadt; von dort ausgeschilderter Zuweg (2,5 Kilometer) zum Wanderparkplatz

ESSEN & ENTSPANNEN:
Rucksackverpflegung nicht vergessen!
Waldgaststätte Neuborn ❺ Neuborn 1, 55286 Wörrstadt, Tel. (01 62) 4 28 35 33, www.waldgaststätte-neuborn.de
Neubornbad Wörrstadt ❻ Am Schwimmbad 3, 55286 Wörrstadt, Tel. (0 67 32) 81 48, www.vgwoerrstadt.de

ENTDECKEN & ERLEBEN:
Strandmatte und Badebekleidung einpacken!
Burgunderturm ❶
Weinberghaus Perka ❷
Winzerrast Greifenberg ❸
Marktplatz Rommersheim ❹

Entspannung ✦✦✦✦✦
Genuss ✦✦✦✦✦
Romantik ✦✦✦✦✦

- 7,4 Kilometer
- 82 Höhenmeter
- 3 Stunden
- Rundweg

Kleiner Mainzer Höhenweg

Entschleunigungstour 14

Vom Parkplatz aus sind es nur wenige Schritte bis zur **Vierzehn-Nothelfer-Kapelle** ❶. Wir umrunden die neugotische Saalkirche von 1895 mit ihren gelben und rötlichen Klinkersteinen.

Von der Kapelle aus beginnen wir unsere Wanderung auf der **Kapellenstraße,** die uns auf einer Brücke über die **Autobahn 643** führt. Am Ende der Leitplanken biegen wir rechts in einen Waldweg ein. Unter unseren Schuhen knirscht es immer wieder leicht, wenn wir über sandige Stellen schreiten. Einmündungen ignorierend, bewundern wir die majestätisch wirkenden Kiefern auf beiden Seiten des Wegs. Gelegentlich sehen wir zwar Eichen, doch der sandige Boden ist eine besondere Wohltat für Kiefern, genauso für viele niedrige Sandrasenpflanzen. Hier zeigt sich an der **Kiefernsteppenheide** ❷ die Besonderheit des Lennebergwalds mit seinem Sandboden.

Nach etwa 400 Metern biegen wir zweimal nach links und erreichen kurz darauf zwei Kapellen zu Ehren des Wendelin (Schutzpatron der Hirten und Bauern) sowie das Wendelinusheim. Hier wenden wir uns

Der Lennebergwald mit seinem trockenen und warmen Boden beherbergt viele seltene und zum Teil vom Aussterben bedrohte Pflanzen und Tiere.

Unter Kiefern
Erholung bei Mainz-Gonsenheim

nach rechts auf den Hauptweg. Nach knapp 300 Metern biegen wir an einer Schutzhütte links ab und sind nun auf dem Kleinen Mainzer Höhenweg, der von Laubenheim bis Mombach auf gut 31 Kilometern die Stadt Mainz umrundet. Wir geben uns in dem Laubmischwald ganz dem Schlendern hin.

Leicht bergauf folgen wir dem Waldweg etwa 700

Entschleunigungstour 14

Meter, um dann auf einer Treppe bis zum **Lennebergturm** ❸ hinaufzusteigen. Hier ist der höchste Punkt des Lennebergwalds, sodass wir oben vom Treppenturm aus einen Rundumblick über die Wipfel des Waldes genießen können. Bis zum Taunus und über Mainz reicht die Aussicht. Links, im Westen, durchbricht ein Turm des Schlosses Waldthausen die Baumwipfeln. Direkt unter uns befindet sich ein Café. Wir lassen den Blick noch einmal schweifen, dann gehen wir hinab und am Café entlang bis zur Einfahrt. Von dort aus nutzen wir die Zufahrt zur **L 422**. Wir wenden uns nach links und gelangen auf einem Straßenübergang auf die andere Straßenseite. Eine weitere Querungshilfe nutzen wir, um rechts auf die andere Seite der **Waldthausenstraße (K 10)** zu gelangen und zur Einfahrt des **Schlosses Waldthausen** ❹ zu gehen.

Vor der Toreinfahrt biegen wir rechts in einen kleinen Weg ab. Auf etwa 700 Metern umrunden wir das Schloss. Nach etwa der Hälfte der Strecke machen wir einen Abstecher nach links zu einem idyllischen Teich. Wir genießen den Ausblick auf die über uns thronende Front des imposanten Schlosses. Unser ur-

Das Schloss Waldthausen wurde kurz vor dem Ersten Weltkrieg errichtet. Bauherr Freiherr Martin Wilhelm von Waldthausen verließ Deutschland jedoch mit dem Beginn des Krieges. Heutzutage wird das Schloss als Akademie und Konferenzzentrum genutzt.

Lennebergturm

Schloss Waldthausen

Kiefernsteppenheide

🌼 Für die Seele

Im schattigen Lennebergwald spazieren wir zwischen Kiefern und verweilen an Teichen.

sprünglicher Weg leitet uns entlang der **L 422** und mündet in einen Querweg, wo wir uns nach rechts wenden. Nach 100 Metern gelangen wir durch ein offenes Eisentor auf eine Straße, auf der wir nach links gehen.

Vorbei an einem Forsthaus, einem Parkplatz und dem Grünen Haus erreichen wir nach etwa 400 Me-

Teich beim Grünen Haus

Erholung bei Mainz-Gonsenheim

tern den **Teich beim Grünen Haus** ❺. Einer Tafel entnehmen wir, dass es hier Frösche, Kröten und Salamander gibt. Neben einem Bauwagen heben sich Köpfe von Krokodilen in die Höhe. Nach einem kurzen Schreck streicheln wir die hölzernen Figuren und setzen uns auf eine der Bänke. Ein paar Enten schlängeln sich durch das Schilf im Teich, während Libellen über ihnen ihre Kreise ziehen. Nach ein paar Minuten machen wir uns auf, gehen bis zum Grünen Haus zurück und biegen dort in den Weg nach rechts ein.

300 Meter später biegen wir nach links auf den Kleinen Mainzer Höhenweg ein, der uns zurück zum Schloss führt. Nach etwa 500 Metern geht es rechts hoch, und durch einen ansteigenden Weg gelangen wir auf das Gelände des Schlosses. Wir gehen links am Schloss vorbei und können auf seiner Vorderseite das Parkgelände mit einem Brunnen überschauen. Weiter unten, am Ende der Rasenfläche, erkennen wir die Stelle, von der aus wir vorhin die Schlossfront bewundert haben. Auf der anderen Seite des Schlosses dann sehen wir den Eingangsbereich mit seinen großen Türen und einer Bogenhalle, darüber einen Balkon samt Balustrade.

Im Wildpark Mainz-Gonsenheim sind Hirsche, Rehe, Wild- und Hängebauchschweine sowie Wildkatzen beheimatet. Aber auch kleine Tiere wie Waschbären, Fasane und Eulen gibt es hier.

Schließlich lassen wir das eindrucksvolle Gebäude hinter uns und verlassen das Gelände durch die Zufahrt. Wir gehen denselben Weg mit den beiden Straßenübergängen bis zum Café am Turm zurück. Wir nehmen den Pfad nach rechts am Gelände vorbei, dann hinunter und am Hang entlang zu einer halb offenen Schutzhütte. Von hier aus biegen wir halb rechts auf den Pfad, der an einer Trimm-Dich-Station vorbeiführt. Kurz darauf folgen wir schräg links einem gelben und einem roten **Wegezeichen,** die uns 300 Meter weiter nach links und dann auf einer Fußgängerbrücke über die **A 643** leiten.

Hinter der Brücke biegen wir links ab und folgen halb rechts dem Pfad. Nach etwa 250 Metern gelangen wir auf einen weiteren Pfad, auf dem wir links in 200 Metern Entfernung die Vierzehn Nothelfer-Kapelle

Entschleunigungstour 14

erkennen. Nur 150 Meter weiter lockt uns das **Gasthaus Wanderheim** ❻. Wir suchen uns einen Sonnenplatz im Biergarten. Zufrieden lehnen wir uns zurück und wollen den Wandertag ausklingen lassen. Doch es war eine kurze Wanderung, und wir wollen uns noch ein wenig bewegen.

So gehen wir die Kapellenstraße am Sportplatz entlang bis zur Straße Am Sportfeld, in die wir links einbiegen. Von hier sind es nur 150 Meter bis zum **Wildpark Mainz-Gonsenheim** ❼. Auf dem Bürgersteig und einem eigenen Weg umrunden wir gemächlich das kleine Karree des Wildparks. Mit diesem „tierischen Spaziergang" beschließen wir unseren Wandertag.

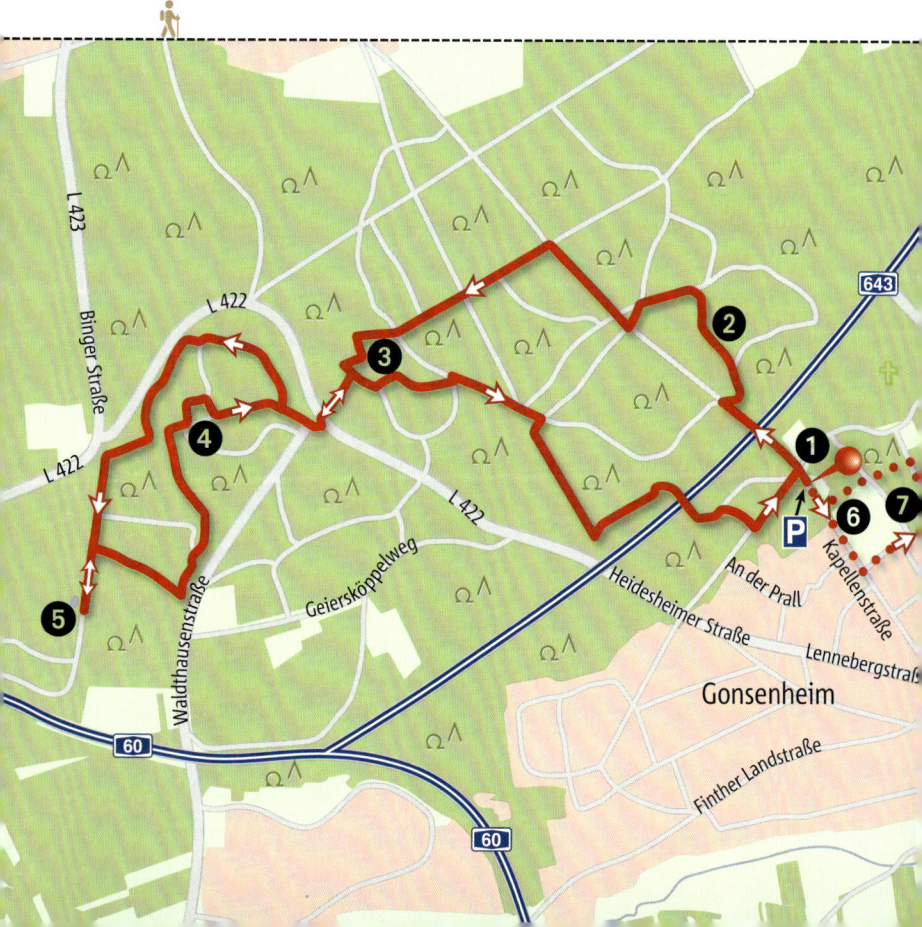

Alles auf einen Blick

WIE & WANN:
Waldwege und Pfade; Wanderzeit von April bis Oktober

HIN & WEG:
Auto: Parkplatz an der Vierzehn-Nothelfer-Kapelle, Kapellenstraße, 55124 Mainz
(GPS: 50.00683, 8.19883)
ÖPNV: Bus 62 von Mainz Hauptbahnhof nach Am Gonsenheimer Wald;
Zuweg über Kapellenstraße

ESSEN & ENTSPANNEN:
Gasthaus Wanderheim ❻ Kapellenstraße 44, 55124 Mainz, Tel. (0 61 31) 46 99 48,
www.gasthaus-wanderheim.de

ENTDECKEN & ERLEBEN:
Vierzehn-Nothelfer-Kapelle ❶
Kiefernsteppenheide ❷
Lennebergturm ❸
Schloss Waldthausen ❹ Im Wald 1, 55257 Budenheim
Teich beim Grünen Haus ❺
Wildpark Mainz-Gonsenheim ❼ Kirchstraße, 55124 Mainz,
www.wildpark-mainz.de

Entspannung ★★★★★
Genuss ★★★★☆
Romantik ★★★★☆

- ❋ 8,4 Kilometer
- ❋ 18 Höhenmeter
- ❋ 3 Stunden
- ❋ Rundweg

Blick vom Hügel der Freundschaft

Entschleunigungstour 15

Unsere kleine Wanderung starten wir auf dem Waldparkplatz und tauchen links von der Rondellschneise auf einem kleinen Pfad in den Wald ein. Sogleich entfliehen wir jeglicher Hektik und fühlen uns fast wie in unberührter Natur. Unter unseren Füßen spüren wir das leichte Federn des Waldbodens, und Licht durchbricht das Laubdach. Nach etwa 300 Metern mündet unser Pfad in einen kleinen Waldweg, auf dem wir uns nach rechts wenden.

Nach etwa 100 Metern lichtet sich der Wald zu einer grasbewachsenen Fläche, die nur gelegentlich von Büschen oder kleinen Baumgruppen besiedelt ist. Am Wegesrand liegen Baumstämme als Begrenzung, ab und zu leitet uns ein Geländer. Wir schreiten weiter auf dem mit feinem Schotter belegten Weg. Dabei kommen wir an Kunststelen vorbei, die an den Alltag zur Zeit des Kalten Krieges erinnern.

Etwa 300 Meter weiter biegen wir links ab. Inzwischen ist der kleine Weg asphaltiert, und immer wieder kommen uns Spaziergänger entgegen. Blühende Sträucher begleiten uns mit ihren Düften. Es wird et-

Zurück zur Natur
Durch Mainzer Konversionsflächen

was buschiger, und links vor uns können wir den **Hügel der Freundschaft** ❶ erkennen. Eine Betontreppe führt uns auf ein paar Dutzend Stufen empor. Sie sind mit Friedensbotschaften in mehreren Sprachen versehen. Kurz darauf stehen wir auf dem Hügel, den die Künstlerin Dörthe Bäumer Ende der 1990er-Jahre errichten ließ, um an den Kalten Krieg zu erinnern.

Entschleunigungstour 15

Hügel der Freundschaft

Wir ruhen uns auf einem der liegenden Baumstämme aus und erblicken geometrische Formen in der Landschaft. Es sieht nicht nur so aus, als ob hier Gebäude und Bauwerke den Boden bedeckt hätten. Noch Anfang der 1990er-Jahre war ein Großteil des Ober-Olmer Waldes ein militärisches Sperrgebiet der amerikanischen Streitkräfte.

Inzwischen ist der Wald ein Naherholungsgebiet für die Bevölkerung sowie ein Naturschutzgebiet mit Lebensraum für viele gefährdete Tier- und Pflanzenarten.

Nach ein paar Minuten der Besinnung steigen wir den Hügel zum Weg hinab, um unseren Weg fortzusetzen. Sogleich kommen wir an einer alten Bunkermauer vorbei, und danach geht es in einer Rechtskurve weiter. Der Weg wird von liegenden Baumstämmen gesäumt, und wir können in aller Ruhe die Buschgruppen auf den Grasflächen betrachten sowie das eine oder andere Vögelchen erblicken.

Zum Ende des Weges gelangen wir wieder in den Wald und stoßen auf einen breiteren Weg, auf dem wir nach links abbiegen. Etwa 250 Meter weiter stoßen wir durch einen schmalen Pfad auf der rechten Seite tiefer in den Wald hinein. Kleine Triebe durchbre-

Der Ober-Olmer Wald ist eines von vielen Konversionsprojekten in Rheinland-Pfalz. Ab 1995 wurden militärische Anlagen abgerissen und mit Schadstoffen belasteter Boden ausgetauscht. Wenige Bunker ließ man als Quartier für Fledermäusen stehen.

Durch Mainzer Konversionsflächen

chen gelegentlich den Waldboden und strecken sich dem Laubdach entgegen. Wir nehmen nach knapp 300 Metern die erste Abbiegung nach rechts und gelangen nach einer weiten Kurve an eine Schutzhütte. Auf dem linken Weg überqueren wir nach wenigen Metern die als ehemalige „Panzerstraße" bekannte Forststraße. Jetzt ist die Straße abschnittsweise mit Baumstämmen und Erdreich verengt, und die Natur muss immer wieder zurückgeschnitten werden. Auf der anderen Straßenseite beschreiten wir weiter den Weg und gelangen nach rund 170 Metern auf einem kleinen Pfad aus dem Wald hinaus.

Auf der Ebene erblicken wir zwischen Äckern und Wiesen einige **Obstfelder 2.** Im Südwesten ragt der Ober-Olmer Fernmeldeturm über den Obstbäumen empor. Rund 700 Meter schlendern wir rechts am Waldrand an Äckern und Obstfeldern entlang, bis wir auf die Forststraße treffen. Schräg gegenüber biegen wir neben einer Schranke in einen asphaltierten Weg. Den nächsten Weg nehmen wir nach rechts, und an der Kreuzung mit dem Holzbänkchen biegen wir nach links. Immer wieder durchbrechen Grasflächen

Für die Seele

Unter Bäumen und entlang von Wiesen durchziehen wir den Ober-Olmer Wald, atmen seinen Duft und freuen uns, dass die Zeit des Kalten Krieges vorbei ist.

den Wald, der gar nicht mehr so dicht ist wie zu Beginn unserer Wanderung. Ab und zu erhascht unser Blick einen Eichelhäher, der zwischen den Bäumen umherspringt. Gemütlich gehen wir auf dem trockenen Weg entlang, während sich auf den Seiten immer wieder Wasser in einer Pfütze sammelt.

Am Ende des Weges wenden wir uns nach rechts,

Entschleunigungstour 15

Große Rondellschleife

um weiter am Waldrand entlangzuschreiten. Am Zaun auf der linken Seite warnen uns alte Schilder, dass hier einer der letzten Übungsplätze der amerikanischen Streitkräfte in Rheinhessen liegt. Schließlich lassen wir das Gelände hinter uns und gelangen nach etwa 1 Kilometer an eine Schranke. Wir nutzen die Gelegenheit, einen Blick nach links auf die vielen Obstbäume zu werfen. Dann schlendern wir auf einem kleinen Pfad im Wald parallel zum Waldrand weiter. Wir bleiben auf dem Pfad und durchqueren eine große Schneise.

Nach etwa 800 Metern auf dem Pfad entlang des Waldrandes verlassen wir ihn nach rechts und kehren zurück in den Wald. Gelegentlich hören wir ein Knacken, dann halten wir inne, als eine Bewegung im Gehölz unsere Augen irritiert. Tatsächlich, da huscht ein Reh durch den Wald! Etwa 500 Meter weiter erreichen wir die **Große Rondellschneise** ❸. Vor einem kleinen Tümpel mit Schilfgras wenden wir uns nach links und bleiben in der Schneise. Gelegentlich halten wir an einem der vielen Tümpel, um dem Quaken der Frösche zu lauschen. Neugierig halten wir an weiteren Kunststelen und informieren uns über das Leben im Kalten Krieg.

Die historische Mittelwaldwirtschaft lässt unterschiedliche Baumarten in unterschiedlicher Höhe wachsen. So gibt es Raum für seltene Bäume wie Elsbeere und Speierling.

Beeindruckendes Kreuz am Wegesrand

Entschleunigungstour 15

Nach etwa 1 Kilometer erblicken wir ein schlichtes **Kreuz** ❹ aus Holz, das in die Höhe ragt. Die evangelische Gemeinde hat es am 9. November 2003, am Jahrestag des Mauerfalls, zur Mahnung errichtet. Wir nutzen eine kleine Holzbank auf der Waldseite des Weges, um uns etwas auszuruhen und unsere Gedanken schweifen zu lassen. Schließlich begeben wir uns wieder auf den Weg und erreichen nach etwa 500 Metern den Parkplatz.

Zum Abschluss fahren wir mit dem Wagen auf der Straße **Am Wald** bis zur **L 427** und biegen rechts ab. Unmittelbar hinter der Kreuzung mit der **L 426** biegen wir links auf den Parkplatz der **Ober-Olmer Waldgaststätte** ❺. Dort lassen wir bei einem rustikalen Gericht unseren Wandertag ausklingen.

Alles auf einen Blick

WIE & WANN:
Wege und Pfade; Wanderzeit von März bis November

HIN & WEG:
Auto: Parkplatz Rondellschneise, Am Wald, 55270 Ober-Olm (gegenüber den Wohnhäusern) (GPS: 49.95266, 8.18344)
ÖPNV: Bus 75, 54 oder 650 (auf Wochentag achten!) von Mainz Hauptbahnhof nach Ober-Olm, Forsthaus; Zuweg über L 427 und Am Wald

ESSEN & ENTSPANNEN:
Rucksackverpflegung nicht vergessen!
Ober-Olmer Waldgaststätte ❺ Am Wald 4, 55270 Ober-Olm (Kreuzung L 426/L 427), Tel. (0 61 31) 7 13 32

ENTDECKEN & ERLEBEN:
Hügel der Freundschaft ❶
Obstfelder ❷
Große Rondellschneise ❸
Kreuz ❹

Entspannung ✯✯✯✯✯
Genuss ✯✯✯✯✯
Romantik ✯✯✯✯✯

* 13,5 Kilometer
* 223 Höhenmeter
* 4,5 Stunden
* Rundweg

Sauerbach

Entschleunigungstour 16

In Schwabenheim an der Selz stellen wir vor unserer Wanderung den Wagen auf dem Marktplatz ab. Der Name der Gemeinde lautete vor über 1200 Jahren „Suaboheim". Wir befinden uns auf dem denkmalgeschützten Marktplatz und bewundern Gebäude aus dem 18. Jh. Dominiert wird der Platz von der **Evangelischen Kirche Schwabenheim** ❶ mit ihrem weithin sichtbaren minarettartigen Turm aus dem Jahr 1846. Versonnen schauen wir dem Plätschern des Dorfbrunnens zu. Leicht abgelenkt werden wir nur durch den gusseisernen Nackedei, der hier liebevoll „Paulchen" genannt wird und aus dem das Wasser entspringt.

Wir werfen einen Blick auf die Schautafel, auf der die verschiedenen Wanderwege Schwabenheims gezeigt werden, und entscheiden uns für die große Runde. Sie führt uns mit ihrem **Wegezeichen,** einer grünen Fläche mit der schwarzen Ziffer 5 in der Mitte, um ganz Schwabenheim herum. Wir gehen auf der Mainzer Straße los, die uns langsam aufwärts durch Schwabenheim führt. Als sich die **Mainzer Straße** gabelt, nehmen wir die rechte Abzweigung und verlassen wenig

Gemeindenamen in Rheinhessen enden oft auf „-heim" und entstammen Gründungen durch Franken im 3. bis 6. Jahrhundert. Gründer Schwabenheims dürfte ein „Suabo" gewesen sein („Heim des Suabo").

Enuff un enunner
Zur Mainzer Höhe bei Schwabenheim

später nach etwa 700 Metern die Ortschaft.

Die Straße geht in einen Weg über, und wenig später sind wir in einem kleinen Wäldchen. Das **Wegezeichen der großen Runde** lässt uns rechts abbiegen, und der schmaler werdende Weg wird links von einer Böschung begrenzt. Rechts unter uns können wir durch

Entschleunigungstour 16

Am Sauerbach

die Bäume einen kleinen Bach erkennen, der abwärts nach Schwabenheim plätschert. An Tafeln informieren wir uns über die Gegend sowie das Landschaftsschutzgebiet Pfauengrund in dem eingeschnittenen Tal. Früher wurde hier Kalkstein abgebaut, und auch heute schimmert er gelegentlich durch die Böschungen.

An einer Stelle können wir kurz zum **Sauerbach** ❷ hinabsteigen. Der Bach versorgte früher fünf Schwabenheimer Mühlen mit Wasser, sodass die Ortschaft sich, um Verwechslungen mit der Ortschaft Pfaffen-Schwabenheim zu vermeiden, den Namen „Sauerschwabenheim" gab. Heute noch wird der alte Ortsname gelegentlich benutzt, um scherzhaft auf den angeblich sauren Wein Schwabenheims anzuspielen. Irgendwann kommen wir an der kleinen Quelle des Sauerbachs vorbei, und dann verlassen wir nach etwa 1,1 Kilometern den Taleinschnitt mit seinem Wäldchen.

Wir nehmen die erste Abbiegung auf dem inzwischen betonierten Weg nach links und

Zur Mainzer Höhe bei Schwabenheim

folgen dem grünen Wegezeichen an einem Findling. Inzwischen sind wir auf dem Mainzer Berg. Wir schreiten auf dem Weg voran und biegen nach etwa 800 Metern vor der Ranch mit einem nicht mehr genutzten Funkturm nach links ab. Auf den nächsten 850 Metern genießen wir den klaren Blick nach rechts bis zum Taunus.

Wir gelangen zu einer Baumreihe und biegen für weitere 350 Meter nach rechts ab. Als wir an der Kreuzung den Weg nach links nehmen, haben wir schnell einen guten Ausblick über das Selztal, Schwabenheim und die gegenüberliegenden Hänge. Wenig später halten wir an einem alleinstehenden Baum zur Linken und lassen uns auf der Bank nieder. Bei der herrlichen Aussicht packen wir unsere Vesper aus und genießen den Moment. Schließlich gehen wir dem Wegezeichen folgend nach rechts in die Weinberge.

Am Ende biegen wir an einer Baumreihe nach links auf den Weg, der uns bergab in Richtung Schwabenheim bis zu einem Rastplatz führt. Fast hätten wir ihn übersehen, doch das Wegezeichen weist uns nach rechts. Ein rotes Schild verspricht uns ein Weinbergs-

❀ Für die Seele

Hoch und runter geht es über und in der idyllischen Ortschaft Schwabenheim an der Selz – Ein- und Aussichten inklusive.

häuschen. Parallel am Hang entlang spazieren wir in Richtung der Ortschaft Großwinternheim. Links können wir über das Selztal hinweg bis auf das gegenüberliegende Westerberg-Tableau schauen.

Schließlich erreichen wir das Backesgässer **Wingertshäuschen** ❸, das aus Bruchsteinen besteht. Mit seinen gräulich-gelblichen Steinwänden und dem roten Ziegeldach sieht es einfach idyllisch aus. Das Selztal entlang geht unser Blick bis über die Rheinebene auf die Hänge des Rheingaus. Wir lehnen uns an die Wand des Weinbergshäuschens, um die Aussicht zu genießen.

Vom Weinbergshäuschen geht es hinab ins Tal, wo wir zunächst die L 428 überqueren. Ein paar Meter in Richtung Großwinternheim auf dem Grünstreifen nur, dann nehmen wir den Weg hinunter bis zur Selz. An der Selz wenden wir uns nach links und spazieren an ihr auf dem Radweg entlang. Als eine kleine Straße auf einer Brücke die Selz überquert, gehen wir geradeaus

Selz an der Bubenheimer Mühle

Zur Mainzer Höhe bei Schwabenheim

Steinweller

an der Selz weiter und befinden uns auf einem idyllischen Feldweg. Ein paar Laubengrundstücke säumen unseren Spaziergang, bis wir an Büschen vor dem kleinen Sauerbach links abbiegen müssen. Am Ende der Buschreihe verlassen wir kurz den markierten Weg und ignorieren das grüne Wegezeichen. Anstatt geradeaus weiterzugehen, schwenken wir 180 Grad um die Büsche herum nach rechts und gehen auf der anderen Seite des Sauerbachs zur Selz zurück.

Von urwüchsigen Büschen umgeben, spazieren wir weiter an der Selz entlang bis zur **K 16.** Hier treffen wir wieder auf den Wanderweg und überqueren die Straße, um an der Selz entlang weiterzugehen. Rechts erkennen wir ein paar Häuser und überqueren die Zufahrtsstraße, bleiben jedoch auf der bisherigen Seite der Selz. Der Fluss macht an der **Bubenheimer Mühle** ❹ einen leichten Bogen und ist von hohen Bäumen gesäumt. Auf der anderen Seite stehen ebenfalls mehrere Bäume auf dem parkähnlichen Gelände der Mühle. Gemütlich streifen wir an der Selz entlang.

Kurz darauf verlassen wir die Selz und biegen links in Richtung Schwabenheim ab. Vor dem Sportplatz und einer Tennisanlage leitet das **Wegezeichen** uns nach rechts. Nun spazieren wir parallel zur Selz auf dem

Jahrhundertelang waren Mühlen mit Wasserrädern überall im Selztal in Betrieb. Selbst mit Elektrifizierung und Wasserturbinen lohnte sich der Betrieb im 20. Jahrhundert nicht mehr.

Entschleunigungstour 16

Landgasthof Engel

Winzer haben jahrhundertelang Steine in ihren Weinbergen gesammelt und zu Wällen aufgeschichtet. Sie erreichten damit eine Terrassierung der Hänge und außerdem „entsorgten" sie so die lästigen Steine aus den Rebgärten.

Weg. Zwischen uns und der Selz befindet sich ein Naturschutzgebiet mit Schilfröhricht und einigen Bäumen. Wir folgen dem Weg, bis uns ein **grünes Wegezeichen** hoch und bis zum Selztalradweg führt. Wir wenden uns zunächst für ein paar Meter nach rechts, bis das **Wegezeichen** uns an einem Findling halblinks abbiegen und dann bis zur **L 428** hinaufgehen lässt. Nach der Straßenüberquerung geht es auf dem Weg zunehmend steil den Hang nach oben, bis wir an der T-Kreuzung links abbiegen und am Hang entlang weitergehen. Hier in der Weinlage Sonnenberg erblicken wir einige **Steinweller ❺**.

Nach etwa 500 Metern stoßen wir auf die Kurve eines anderen Weges. Auf einer Holzbank verweilen wir ein wenig und genießen den Ausblick auf das Selztal und Schwabenheim. Als wir weitergehen, folgen

Zur Mainzer Höhe bei Schwabenheim

wir dem Wegezeichen rechts den anderen Weg hoch. Inzwischen können wir uns in die Winzer hineinversetzen, die in den Weinbergen ständig „enuff un enunner" („hinauf und hinab") müssen. An einem Picknickplatz biegen wir rechts ab und gehen noch etwas weiter „enuff", bis wir den nächsten Weg nach links nehmen. Dort spazieren wir etwa 500 Meter parallel zu Schwabenheim auf der Höhe und zwischen den Weinbergen.

Wir erreichen eine Buschreihe, vor der das Wegezeichen uns nach links führt. Knapp 400 Meter gehen wir den Weg an der Buschreihe entlang, während es immer steiler abwärts und damit „enunner" geht. An der T-Kreuzung angekommen, halten wir kurz inne. Unter uns liegt ein Taleinschnitt mit Bäumen, Gehölz und dem Sauerbach. Wir folgen dem Wegezeichen nach links bis zu einer Gerätehalle, an der wir rechts und hinunter nach Schwabenheim abbiegen.

Den Sauerbach überquerend geht es nur kurz hinauf, dann biegen wir links in die Bachstraße. Sie führt uns hinab in den Ortskern von Schwabenheim und an einem früheren Löschteich vorbei, der vom Wasser

Ausruhen mit Blick hinunter ins Selztal

Entschleunigungstour 16

des Sauerbaches gespeist wird. Nach etwa 350 Metern verlassen wir die Bachstraße und biegen rechts in die **Käferstraße.** Hier bewundern wir einige alte Häuser und Mauern aus Bruchsteinen. An ihnen hangeln sich Triebe von Weinreben empor. Wir gehen weiter bis zur **Mainzer Straße.** Sie führt uns links wieder zurück zum **Marktplatz.** Wir schlendern etwas umher und informieren uns anhand der gelben Tafeln an den Häusern über ihre Vergangenheit.

Schließlich gelangen wir zum pittoresken **Landgasthof Engel ❻** gegenüber der evangelischen Kirche. Bei rustikaler Regionalküche und Wein des Winzers versinken wir in unseren Erinnerungen an den Wandertag.

Alles auf einen Blick

WIE & WANN:
Landwirtschaftliche Wege und Pfade; Wanderzeit von März bis Oktober

HIN & WEG:
Auto: Parkplatz Marktplatz Schwabenheim, 55270 Schwabenheim an der Selz
(GPS: 49.93185, 8.09686)
ÖPNV: Bus 640 oder 75 von Ingelheim, Bahnhof, nach Schwabenheim, Markt (sonntags nach Schwabenheim, Friedensstraße, Zuweg über Ingelheimer Straße)

ESSEN & ENTSPANNEN:
Rucksackverpflegung nicht vergessen!
Landgasthof Engel ❻ Markt 8, 55270 Schwabenheim an der Selz,
Tel. (0 61 30) 92 93 94, www.immerheiser-wein.de

ENTDECKEN & ERLEBEN:
Evangelische Kirche Schwabenheim ❶ Marktplatz 2, 55270 Schwabenheim an der Selz
Sauerbach ❷
Backesgässer Wingertshäuschen ❸
Bubenheimer Mühle ❹
Steinweller ❺
Landgasthof Engel ❻ Markt 8, 55270 Schwabenheim an der Selz

Entspannung ✹✹✹✹✹
Genuss ✹✹✹✹✹
Romantik ✹✹✹✹✹

Entschleunigungstour 17

Vor der Selztalhalle informieren wir uns an der Schautafel über die **Selztal-Terroir-Route 2.** Auf ihr wollen wir heute die Gegend erkunden und durch die Weinberge streifen. Wir gehen vor zur **Schulstraße (L 428)**, wenden uns nach rechts und nutzen sogleich den Straßenübergang, um auf die andere Seite zu gelangen. Nach der Brücke über die Selz biegen wir links in eine Straße ein. Bevor wir den Fluss ein weiteres Mal überqueren, folgen wir dem **Wegezeichen der Selztal-Terroir-Route 2 (STR 2),** ein abstrahiertes Weinglas vor blauem Hintergrund, und biegen rechts in einen kleinen Pfad zwischen Büschen ab. Nach ein paar Metern sind wir im Freien und nutzen den grasbedeckten Weg, um an der Selz entlangzuflanieren. Wir schauen einigen Pferden auf ihren Koppeln rechts von uns beim Weiden zu, kurz darauf lösen Wiesen und Äcker die Koppeln ab. Die Böschung der Selz ist mit einer Mischung aus Schilfröhricht und Brennnesseln bewachsen.

Bald erblicken wir ein Turmgemäuer mit den für diese Gegend typischen grau-gelblichen Steinen. Nachdem wir etwa 800 Meter an der Selz entlangge-

Terroir und Hügel
Rund um Stadecken-Elsheim

gangen sind, erreichen wir den **Elftausend-Mägde-Turm** ❶ aus dem 14. Jahrhundert. Die beschauliche Ruine der alten Zollstation lädt uns zu einem kurzen Verweilen auf einer Bank ein.

Wir erheben uns und setzen den Weg auf der kleinen Straße fort. Das **Wegezeichen** führt uns an der Ein-

Entschleunigungstour 17

mündung nach rechts auf die **Mühlstraße.** An Tafeln des Bilderwegs Stadecken-Elsheim halten wir kurz und betrachten die Gemälde und Fotografien, die das Leben von Weinbauern und Landwirten porträtieren. Direkt daneben steht eine Tafel des Adam-Elsheimer-Weges mit Abbildungen von Werken des Barockmalers. Kurz darauf biegen wir links in die **Anna-Seghers-Straße** und dann rechts in die **Schillerstraße.** Hinter dem ersten Haus führt ein kleiner Pfad nach links zwischen die Wohnhäuser. Auf ihm gelangen wir zur **Ingelheimer Straße (L 428)** am Ausgang von Elsheim. Auf den Autoverkehr achtend, überqueren wir die Straße und setzen unseren Weg am Ortsrand auf einem Fußweg den Hang hinauf fort.

Das **Wegezeichen** leitet uns zuverlässig auf Feldwegen zwischen Weinbergen den Hang hinauf, bis wir zuletzt auf einem Grasstück das **Babo-Häuschen** ❷ erreichen. Vor dem Häuschen treffen wir wieder auf ein Werk des Malers Adam Elsheimer. Während wir uns vor dem Turm über das Gemälde Tobias und der Engel informieren, lassen wir zwischendrin unseren Blick immer wieder über Elsheim, Stadecken und das Selztal schweifen. Schließlich wollen wir uns das Ba-

Seinen Namen verdankt der Elftausend-Mägde-Turm der heiligen Ursula, die auf einer Pilgerfahrt mit 11.000 Jungfrauen die Selz überquert haben soll. Die Zahl entstand durch einen Lesefehler – es waren nur elf Mägde.

Rund um Stadecken-Elsheim

bo-Häuschen näher anschauen. Der klassizistische Rundbau der Familie Babo aus dem 19. Jh. sieht ein wenig aus wie ein römischer Tempel mit einer Dachkuppel. Durch die geöffnete Tür betreten wir das Innere, bleiben in der Mitte stehen und schauen zum Kuppeldach hinauf. Kreisförmig bauen rote Ziegelsteine Schicht um Schicht auf, bis sie das kleine runde Dach erreichen.

✿ Für die Seele

Wir tauchen ein in Terroir, Kunst und Geschichte im Selztal.

Wenn wir uns sattgesehen haben, gehen wir ein Stück den Hang aufwärts zur Straße und folgen dem **Wegezeichen** nach rechts. Einen gepflasterten Weg geht es links nach oben, und schon stehen wir am **Elsheimer Bockstein** ❸. Der Begriff Bockstein steht für eine Elsheimer Weinlage mit Braunlehm-Kalksteinboden. Neben einer Informationstafel gibt es eine kleine Gra-

Entschleunigungstour 17

Elsheimer Bockstein

Durch Verwitterungen, Ausspülungen und Rutschungen blieb nach dem Ur-Rhein und nach Eiszeiten ein guter Boden für mineralischen und aromatischen Wein zurück.

bung, durch die man den ockerfarbenen Boden gut erkennen kann. Wir greifen in die Erde, nehmen eine Handvoll des Tons und lassen ihn zwischen den Fingern zerbröseln. Neben uns sind auf der Böschung zwei Bänke mit einem Steintisch. Wir lassen uns nieder und genießen bei einer kleinen Vesper die Aussicht auf die Weinberge und das Tal.

Gesättigt folgen wir dem Weg an der Mauer entlang den Hang hinauf. Hinter der Mauer können wir immer wieder die Weinberge des Windhäuser Hofs und das Elsheimer Tempelchen erkennen. Hinter einer Buschgruppe an der Böschung ignorieren wir das Wegezeichen nach rechts und gehen weiter an der Mauer entlang nach oben. Wir erblicken ein seltsames Ungeheuer, das riesige Arme in den Himmel streckt. Kurz vor dem Windhäuser Hof aus dem 12. Jh. erreichen wir dieses Ungeheuer, das sich als Nachbau einer optischen **Telegrafenstation** ❹ entpuppt. Tafeln entnehmen wir, dass Nachrichten schon Anfang des 19. Jh.s mit einer Geschwindigkeit von mehr als 500 Stunden-

Rund um Stadecken-Elsheim

kilometern übertragen wurden. Oben, auf der Plattform unter dem Dach, genießen wir den 360-Grad-Ausblick und können uns vorstellen, wie Soldaten mit ihren Fernrohren auf Nachrichten warteten.

Schließlich verlassen wir die Telegrafenstation und gehen ein Stück des Weges zurück, um in den ersten Feldweg nach links einzubiegen. Den zweiten Weg nehmen wir nach rechts, und am nächsten Weg wenden wir uns nach links. Damit sind wir wieder auf dem **Selztal-Terroir-Weg** und folgen wieder seinem **Wegezeichen.** Von hier aus haben wir einen schönen Panoramablick auf die Hänge auf der anderen Seite. Wir gelangen zur Weidenbornquelle, wo es zum Zeitpunkt der Veröffentlichung dieses Buches einen Rastplatz mit der Gelegenheit zum Wassertreten nach Kneipp geben wird.

Nur rund 150 Meter nach der Weidenbornquelle überqueren wir die **L 426** und gehen auf der anderen Seite ein Stückchen nach unten bis zum Effengraben. Direkt dahinter leitet uns das Wegezeichen nach links und sofort wieder rechts. Von nun an gehen wir den Hügel hinauf, und nach rund 250 Metern erreichen

Bis 1813 entstand im damals französischen Rheinhessen eine Telegrafenlinie von Metz nach Mainz.

Telegrafenstation

Entschleunigungstour 17

wir einen Aussichtspunkt mit einer im Wind flatternden Fahne. Wir setzen uns für einige Augenblicke auf eine der Bänke und stärken uns mit einer kleinen Vesper aus unserem Rucksack. An den Tafeln dieser Adam-Elsheim-Station informieren wir uns noch kurz über die Malereien Die Steinigung des Hl. Stephanus und Aurora, bevor wir uns für den letzten Aufstieg bereit machen.

Unmittelbar nach dem Aussichtspunkt geht es links durch ein kleines Wäldchen knapp 100 Meter

An der Selz

Rund um Stadecken-Elsheim

steil hinauf bis zum **Hiebergturm** ❺. Auf dem Aussichtsturm gönnen wir uns ein paar Minuten des Innehaltens. Im Norden erblicken wir den Taunus, im Westen das Selztal sowie darüber den Hunsrück, im Süden das rheinhessische Hügelland und dahinter in der Ferne den Donnersberg in der Pfalz. Wir atmen ein paarmal tief durch und genießen das offene Hügelland, bevor wir den Turm verlassen und vorsichtig den abschüssigen Feldweg in Richtung des Ortsteils Stadecken hinuntergehen.

Nach 100 Metern biegen wir am **Wegezeichen** nach links und gehen etwa 350 Meter über den Weinbergen am Hang entlang. An der Abbiegung nach unten mit dem nächsten **Wegezeichen** machen wir uns an den Abstieg. Die **Wegezeichen** lassen uns mehrmals auf dem Weg nach unten die Richtung wechseln. Vor dem fünften Richtungswechsel bemerken wir links in der Böschung eine ähnliche Grabung wie am Elsheimer Bockstein. Dieses Mal geht es im Flurstück Blume um den Sandmergel-Boden. Er entstand als Ablagerung und aus dem Boden des Meeres vor 30 Millionen Jahren. Mit etwas Glück kann man hier sogar kleine fossile Turmschnecken finden. Rechts neben der Grabungsstelle lockt eine urige Raststelle mit Holzbänken und einem Felsentisch, doch wir wollen hinunter zur Selz. Schließlich erreichen wir asphaltierte Wege und kommen bald darauf am Fluss an. Der Weg überquert kurz darauf die Selz nach Stadecken, wir jedoch flanieren auf dem Feldweg rechts der Selz entlang.

Irgendwann geht der Weg in einen Pfad über und ist grasbedeckt. Büsche und Bäume wie die Trauerweiden begleiten uns am Ufer der Selz. An schattigen Stellen schimmert noch die Morgenfeuchtigkeit auf dem Gras und dem Boden. Einmal überqueren wir eine Straße, und nach insgesamt 900 Metern erreichen wir die **Schulstraße (L 428).** Wir überqueren auf ihr die Selz und gehen über die Straße **Auf der Langweid** zurück zur Selztalhalle.

Entschleunigungstour 17

Rheinhessischer Spundekäs ist eine traditionelle Frischkäsezubereitung, die an den Spund, also den Verschluss, eines Holzfasses erinnert. Grumbeer ist eine andere Bezeichnung für Kartoffel.

Da sich unser Wandertag dem Ende zuneigt, wollen wir noch in einer Gutsschänke einkehren. Wir fahren mit dem Wagen zur **Schulstraße,** biegen rechts ab und folgen ihr bis zum Kreisel in Elsheim. Hier nehmen wir die zweite Ausfahrt. Wenige Meter weiter biegen wir links in die **Mühlstraße.** Nach 160 Metern biegen wir vor dem Weingut und der **Gutsschänke Mengel-Eppelmann** ❻ links in einen kleinen Weg, um unseren Wagen auf dem Parkplatz abzustellen. Bei angenehmen Temperaturen wählen wir einen der freien Tische im Innenhof, um uns niederzulassen. Unter den verschiedenen Gerichten können wir zum Beispiel Spundekäs und als Hauptspeise ein Grumbeer-Gericht auswählen. Zufrieden lassen wir den Tag ausklingen.

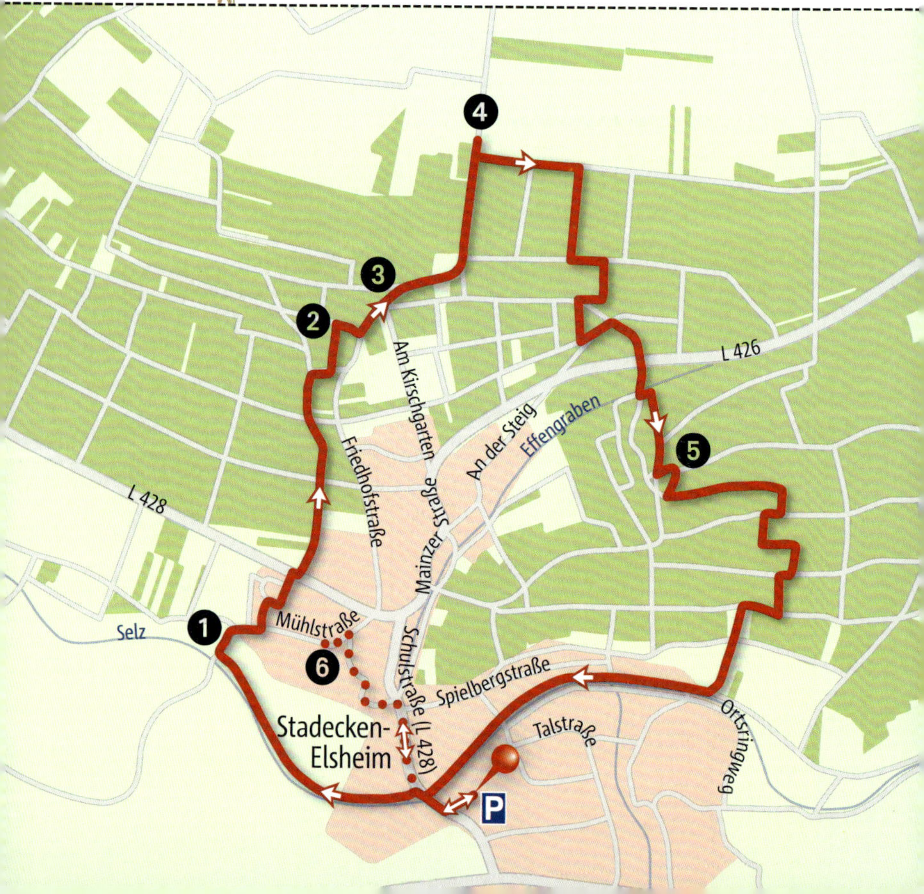

Alles auf einen Blick

WIE & WANN:
Landwirtschaftliche Wege und Pfade; Wanderzeit von März bis Oktober

HIN & WEG:
Auto: Parkplatz Selztalhalle, Auf der Langweid 10, 55271 Stadecken-Elsheim
(GPS: 49.91183, 8.12803)
ÖPNV: Bus 650 oder Bus 75 von Mainz Hauptbahnhof nach Stadecken, Ehrensäule; Zuweg über Schulstraße (L 428)

ESSEN & ENTSPANNEN:
Rucksackverpflegung nicht vergessen!
Gutsschänke Mengel-Eppelmann ❻ Mühlstraße 16, 55271 Stadecken-Elsheim,
Tel. (0 61 30) 7 09 13 22, www.mengel-eppelmann.de

ENTDECKEN & ERLEBEN:
Elftausend-Mägde-Turm ❶
Babo-Häuschen ❷
Elsheimer Bockstein ❸
Telegrafenstation ❹
Hiebergturm ❺

Entspannung ✶✶✶✶✶
Genuss ✶✶✶✶✶
Romantik ✶✶✶✶✶

Der Buttenträger

* 7,5 Kilometer
* 109 Höhenmeter
* 2,5 Stunden
* Rundweg

Entschleunigungstour 18

Neben dem Mitfahrerparkplatz steht auf einem Rasenstück vor einem Weinbergshäuschen der **Buttenträger** ❶. Der Winzer mit Tragebottich für die Trauben bei der Weinlese ist eine Figur aus Sandstein und das erste Werk auf dem Alzeyer Kunst- und Kulturwanderweg. Wir wählen den Weg entlang der **L 409** und entfernen uns von der Autobahn. Nach etwa 120 Metern führt uns eine Abbiegung zur Landesstraße, die wir vorsichtig überqueren. Auf der anderen Seite folgen wir dem Weg, der sich von der Straße entfernt. Vorbei an einem Wingertshäuschen gelangen wir auf dem betonierten Weg zu einer kleinen Buschecke auf der linken Seite. An ihrem Ende steht auf einem Findling die zweite Kunststation, **Die Traubenträgerin** ❷. Sie ist recht klein und auf den ersten Blick unscheinbar. Doch sie ist gut gelaunt. Verträumt schaut sie in den Himmel, während sie eine Melodie pfeift und eine überdimensionierte Weintraube auf ihrer Schulter trägt.

Mit einem Zwinkern verabschieden wir uns von der Traubenträgerin und setzen unseren Weg fort. An der nächsten Abbiegung wenden wir uns nach

Mehrere Künstler haben dem Altstadtverein Werke für den Wanderweg gestiftet, um etwas zur rheinhessischen Sicht auf die Gegend beizutragen. Bereits vorhandene Kulturdenkmäler wurden in den Wanderweg aufgenommen.

Kunst und Kultur
Über und in Alzey

links und sind nach ein paar Metern am **Wingertshaus Lions-Club** ❸. Einer Steintafel entnehmen wir, dass der Lions-Club Donnersberg das Haus 2008 dem Altstadtverein übereignet hat. Wir setzen uns für einen Moment auf eine Bank vor dem Haus und schauen über die Weinberge auf den Donnersberg in der Fer-

Entschleunigungstour 18

Der Heiligenblut-Turm

Vor 30 Millionen Jahren lag der Alzeyer Ortsteil Weinheim an einer Meeresbucht. Noch heute zeugt versteinerter Meeressand von dieser Zeit.

ne. Auf dem Platz verteilt liegen vier Gesteinsblöcke, an denen wir versteinerte Meeresfossilien erblicken.

Wir nehmen den Weg rechts von dem Wingertshaus, um zwischen den Weinbergen hinabzugehen. Als der Weg nach knapp 600 Metern durch einen Hohlweg zur Ortschaft Weinheim hinabführt, biegen wir scharf links ab und wenden uns nach einigen Metern nach rechts in den Feldweg. Kurz darauf sehen wir weiter unten einen Turm, der von einem kleinen Hügel aus den Weinberg und das Tal überragt. Auf einer Tafel lesen wir von der Geschichte mehrerer Apostel, die hier im 5. Jh. hingerichtet worden sind. Ein leichter Schauer umfängt uns, als wir hinunter bis zu einer Bruchsteinmauer gehen. Sie umgibt den Weinberg und den Heiligenblut-Turm ❹ im romantischen Stil des 19. Jh. Wir wenden uns nach links und schlendern weiter an der Mauer entlang, bis wir an der Kreuzung rechts in den Feldweg abbie-

Über und in Alzey

gen. Wir machen einen kurzen Abstecher zum Eingangstor an einer weiteren Figur vorbei, um eine bessere Aussicht auf den Turm zu haben.

Der Feldweg entlang der Mauer führt uns nach unten, deswegen achten wir auf unseren Tritt. Nach einem Bogen gelangen wir zur **Hauptstraße** zwischen Weinheim und Alzey. Wir setzen unseren Weg auf der anderen Seite nach links auf dem Bürgersteig fort. Vor und über uns beherrscht eine Autobahnbrücke das Tal. Über eine einmündende Straße gehen wir weiter in Richtung Autobahnbrücke. Nachdem wir die Selz überquert haben, durchschreiten wir erfreut das Tor zum Innenhof der **Poppenschenke** 5. Auch wenn uns der holzvertäfelte Innenraum mit Möbeln aus dem 19. Jh. lockt, so suchen wir uns angesichts des guten Wetters einen Platz im Innenhof in der Nähe des alten Barockpavillonbrunnens. Glücklich entspannen wir uns bei Handkäse mit Musik und können uns sogar noch eine Hausmacher-Wurstspezialität sowie einen Wein aus dem familieneigenen Weingut gönnen. Schließlich verlassen wir die Schenke und überqueren die Straße.

Handkäse besteht aus gereiftem Magerquark, der in einer Marinade aus Essig und Öl, Pfeffer und Salz serviert wird. Hat die Marinade Zwiebeln, ist der Handkäs „mit Musik".

Für die Seele

Durch die Weinberge und am Stadtrand von Alzey spazieren wir auf dem Kunst- und Kulturwanderweg.

Links von der Selz betreten wir einen kleinen Schotterplatz. Gleich darauf biegen wir rechts in einen Feldweg ein, der uns entlang einer Bruchsteinmauer unter der Autobahnbrücke hindurchführt. Etwas oberhalb der Selz spazieren wir auf dem Weg an Wiesen, Äckern und ein paar Gärten vorbei. Nach etwa 700 Metern überqueren wir die Selz und biegen

Entschleunigungstour 18

Alzeyer Dauerstau

Nutrias sind aus Südamerika stammende Nagetiere, deren Aussehen an Bisamratten erinnert.

nach der kleinen Brücke links in den Weg ein. Wir schlendern weiter an der Selz entlang und erreichen den **Alzeyer Dauerstau** ❻. An dem Regenrückhaltebecken kommen uns neugierige Nutrias entgegen, die uns wohl zum Füttern verleiten wollen, doch wir widerstehen ihnen. Wir können den Weiher ein wenig erkunden und dabei einigen Reihern und Enten zuschauen.

Weiter geht es über den kleinen Damm und in der Verlängerung des bisherigen Weges auf der Straße **Bei den Neun Morgen.** Neugierig werfen wir einen Blick in die Schrebergärten auf der linken Seite. Am Ende der Straße biegen wir links für wenige Meter in die Straße **Am Herdry** ein, bevor wir auf dem Fußgängerüberweg die Seite wechseln und uns auf den kombinierten Fuß- und Radfahrerweg an der Selz begeben. Wir genießen es, die nächsten 400 Meter am Fluss entlangzuspazieren. An der Wegekreuzung vor dem Eisenbahnviadukt ist auf der rechten Seite eine weitere Kunststation des Wanderwegs. Dort steht der restaurierte Neptunbrunnen aus dem alten Alzeyer Schwimmbad. Wir wenden uns auf dem Weg nach links, um weiter durch die Laubenkolonie und dann auf der **Rotentaler Straße** zu spazieren. Nach etwa 300 Metern erreichen wir die **Kreuznacher Straße.**

Über und in Alzey

Wir nutzen den Fußgängerüberweg und gehen gemächlich die Kreuznacher Straße aufwärts. Nach etwa 350 Metern geht der Bürgersteig in eine kleine Straße über, die sich ein wenig von der Kreuznacher Straße entfernt. Schließlich erreichen wir den Kreisel, an dessen Rand der Historische Meilenstein ❼ aus Sandstein nach oben ragt. Er erinnert an die zehn Jahre dauernde Erneuerung der Straße von Alzey nach Bad Kreuznach Anfang des 19. Jh.s. Eine Aufschrift informiert uns, dass es damals im Großherzogtum Hessen noch Längenmaße wie Fuß und Klafter gab.

Wir überqueren rechts des Kreisels die K 12 und nehmen den Feldweg, der uns parallel zur L 409 etwa 100 Meter weiterführt, wo wir die Straße vorsichtig überqueren und rechts weitergehen. An der Kunststation Wetterfahne des Wanderwegs vorbei erreichen wir nach einer Kurve eine Abbiegung, die uns an einer Würfelstele mit eingravierten Namen von Rebsorten vorbei unter der Straße hindurchführt. Das Wegezeichen des Wanderwegs lässt uns rechts in einem Bogen den Hang hinauf und an mehreren Wingertshäuschen vorbeilaufen. Wir biegen links zu

Historischer Meilenstein

Entschleunigungstour 18

einem Wingertshäuschen ab und erreichen kurz darauf die Figur des **Rheinhessenguckers** ❽. Auf einem Mast stehend hält er die Hand für einen Weitblick hoch über den Augen. Wir drehen uns in seine Richtung, und auch vom Erdboden aus haben wir eine sehr schöne Sicht über Alzey hinweg und in die Hügellandschaft Rheinhessens.

Ein paar Augenblicke genießen wir die Weitsicht, bevor wir den Weg bis vor die Autobahn **A 63** weitergehen. Etwa 200 Meter folgen wir dem Weg nach oben, bis wir auf einer Brücke die Autobahn überqueren. Auf der anderen Seite schwenken wir nach links und erreichen nach wenigen Minuten wieder den Parkplatz mit unseren Wagen.

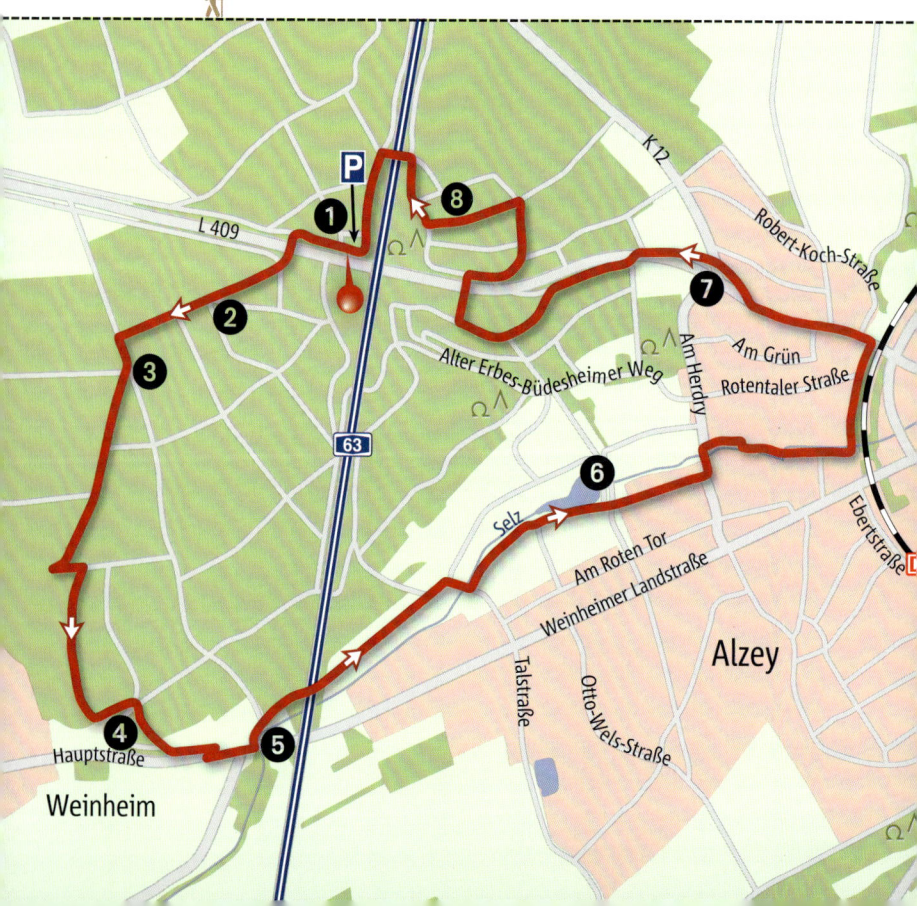

Alles auf einen Blick

WIE & WANN:
Landwirtschaftliche Wege und Pfade; Wanderzeit von März bis Oktober

HIN & WEG:
Auto: Mitfahrerparkplatz L 409/A 63, 55232 Alzey (GPS: 49.74876, 8.08479)
ÖPNV: Bus 425 oder Bus 428 von Alzey, Bahnhof, nach Alzey, Am Hochzeitswald; von dort die Tour starten

ESSEN & ENTSPANNEN:
Poppenschenke ❺ Hauptstraße 150, 55232 Alzey, Tel. (0 67 31) 4 36 22, www.weingut-meiser.de

ENTDECKEN & ERLEBEN:
Buttenträger ❶
Die Traubenträgerin ❷
Wingertshaus Lions-Club ❸
Heiligenblut-Turm ❹
Poppenschenke ❺ Hauptstraße 150, 55232 Alzey
Alzeyer Dauerstau ❻
Historischer Meilenstein ❼
Rheinhessengucker ❽

Entspannung ✹✹✹✹✹
Genuss ✹✹✹✹✹
Romantik ✹✹✹✹✹

Erfrischungstour 19

Wir starten unsere Tour an einem sonnigen Tag. An der Seite des kleinen Parkplatzes sehen wir eine Informationstafel über den Altrheinerlebnispfad. Ihm und seinen Wegezeichen werden wir heute folgen. Doch zunächst treten wir nur wenige Meter vom Parkplatz entfernt über einen kleinen Steg leise in die **Beobachtungshütte Schilfröhricht** ❶. Sie hat viele niedrige Fensteröffnungen ohne Glas, aber dafür mit Holzklappen. Wir öffnen eine davon und schauen auf eine mit Schilfröhricht überwachsene Wasserfläche, auf der wir viele Wasservögel bestaunen können.

Vom Parkplatz aus gehen wir den Zufahrtsweg zurück an dem Feuerwehrhaus vorbei zur Straße und dort auf der linken Seite über die Brücke. Direkt danach biegen wir links auf einen kleinen Weg ein und schreiten müßig auf ihm entlang, nur der Schotter auf dem Boden stört ein wenig. Doch nicht allzu lange, denn schon lässt uns ein **Wegezeichen** des Altrheinerlebnispfads nach rechts abbiegen. Der kleine Weg führt uns an Pferdekoppeln, Lauben und Gewerbebetrieben vorbei. Kurz darauf überqueren wir die **Gimbsheimer Straße (L 437)**, um vor einem Wertstoffhof in einen gepflasterten Weg abzubiegen.

Der Weg leitet uns kurz an einer mit Schilf bewachsenen Gegend vorbei, macht eine Kurve nach links und führt dann über eine metallene Fußgängerbrücke nach rechts. Als wir dahinter nach rechts abbiegen, erwartet uns ein Schild, das auf die Vereinsgewässer des Anglerclubs Rheinlust hinweist. Ab hier

Ausgebuddelt
Der Altrheinerlebnispfad bei Eich

Erfrischungstour 19

Beobachtungshütte Altrheinsee

sind wir nur noch auf einem grasbewachsenen Pfad. Auf der linken Seite werden wir mit dem Blick auf den blauen Südlichen Altrheinsee ❷ überrascht. Rechts vom Pfad müssen wohl die Gänsegräben sein. Dorthin kamen früher die Gänse des Ortes den Tag über zum Fressen und Schwimmen.

Vom Ufer des Altrheinsees aus neigen sich immer wieder kleine Anglerstege auf das Wasser hinaus. Ein wenig weiter können wir dann auf der rechten Seite das Jägerloch ❸ erkennen, auf dem sich einige Reiherenten tummeln. Vielleicht können wir ein Schwanennest vor dem gegenüberliegenden Ufer bestaunen, bevor wir weiter dem Pfad folgen.

Am Ende des Südlichen Altrheinsees endet der Pfad, und wir gehen über eine schmale Fußgängerbrücke über den Seegraben nach rechts und schwenken dann nach links. An einer Tafel informieren wir

Der Altrheinerlebnispfad bei Eich

uns über den Grundwasserspiegel und beschreiten dann den asphaltierten Wirtschaftsweg entlang des Sees. Auf der rechten Seite in Richtung Osten erkennen wir, dass landwirtschaftlich genutzte Flächen vorherrschen. Später erblicken wir direkt am Weg ein abgesperrtes Areal. Es ist nicht bebaut, nur vereinzelt schauen mit Ventilen versehene Rohre aus dem Boden. Ein Mineralölkonzern betreibt eine Produktionsbohrung und holt aus einer Tiefe von 1000 Metern Erdöl, das vor Jahrmillionen entstand.

Etwa 300 Meter nach der Brücke gelangen wir wieder an eine Fußgängerbrücke über einen Graben. Über sie schreiten wir auf den Gerhard-Kiefer-Platz und dann schräg links über eine kleine Holzbrücke in die Beobachtungshütte Altrheinsee ❹. Einer Tafel des Naturschutzbunds Deutschland (NABU) entnehmen wir, dass die Reiherenten und Haubentaucher ganzjährig hier anzutreffen sind. In der Hütte stellen wir uns wieder an die glaslosen Fensteröffnungen und spähen hinaus.

Wir setzen die Wanderung fort und schlendern auf dem Pfad am Ufer entlang. Die vielen Bäume links und rechts des Pfades spenden uns Schatten. Rund 700 Meter schlendern wir so parallel des Ufers, das wir aufgrund der Bäume und vielen Büsche kaum sehen können. Doch gelegentlich ist da wieder ein Steg, sodass es kleine Lücken in der Bewachsung für einen Blick auf den blauen Altrheinsee gibt.

Schließlich schlüpfen wir an einer alten Schranke vorbei auf einen Wirtschaftsweg, auf dem wir uns

Für die Seele

Wir umrunden einen alten Baggersee, erfreuen uns an dem kühlenden Wasser und seiner Flora und Fauna und beschließen den Ausflug auf einer Seeterrasse.

Erfrischungstour 19

Beobachtungsturm Altrheinsee

nach links wenden und weiter dem Ufer folgen. Nach ein paar Metern erkennen wir den hölzernen **Beobachtungsturm Altrheinsee und Meerwasser** ❺, an dem wir wenig später gemächlich die Holztreppe hinaufsteigen.

Wir genießen die Aussicht auf den See, bevor wir den Turm verlassen und weiter der Straße folgen. Am Ende des Altrheinsees wenden wir uns wieder nach links und folgen der Straße. Ab hier bemerken wir viele Zwiebelfelder, deren Geruch uns in die Nase zieht. Das Ufer ist jetzt lichter als vorher, und wir sehen immer wieder Stege, die 2 oder 3 Meter über das Wasser führen.

Plötzlich stolziert eine Gans vor uns aus dem Ufergestrüpp auf den Weg. Als sie uns wahrnimmt, schnattert sie, nimmt Anlauf, hebt ab und gleitet nach einer Kurve auf den See hinaus. Wir gehen ein paar Schritte weiter, geben unserem Wunsch nach, und folgen einem Pfad zum Ufer.

Der Altrheinerlebnispfad bei Eich

Als der Weg nach rechts abbiegt, erkennen wir eine breite Rasenzunge, die zum Ufer führt. Holzbalken führen über eine kleine Senke. Wir entschließen uns, der Rasenzunge noch etwas zu folgen. Plötzlich weitet sich eine Fläche vor uns, halb links und halb rechts vor uns ist jeweils ein Steg. Wir wollen auf den rechten Steg schreiten, doch noch rechtzeitig nehmen wir größere Lücken auf dem Balkenboden wahr.

So verhalten wir oberhalb des Steges und genießen den Ausblick durch die Baum- und Buschlücken. Ein langes Landstück trennt hier bis auf eine kleine Lücke den mittleren vom Nördlichen Altrheinsee 6. Dann schlendern wir die Rasenzunge zurück und folgen der Straße nach links. Nach etwa 200 Metern weist uns ein Wegezeichen nach links den Weg durch einen kleinen Hohlweg in Richtung zum Ufer. Der Pfad führt in direkter Nähe des Altrheinsee-Ufers entlang.

Ein paar Meter später lädt uns eine Holzbank zum Verweilen und Vespern ein, während wir die Aussicht auf den See genießen. Wir folgen dem Pfad weiter, der nach 100 Metern durch eine Buschlücke auf eine Straße hinausführt. Wir orientieren uns kurz und gehen nach links weiter. Nach 450 Metern biegen wir vor einer alten Schranke an einem Wegezeichen des Erlebnispfades nach links ab. Der Pfad führt uns in einiger Distanz vom Ufer an einem umzäunten Privatgelände entlang, bevor er sich dem Ufer nähert. Das Ufer ist jetzt ohne Büsche und Bäume und wird zunehmend zu einem Sandstrand.

Wir haben den öffentlichen und kostenlosen Badestrand Altrheinsee 7 erreicht und suchen uns eine kleine freie Fläche für unsere Bademaatte. Wir planschen ein wenig im Wasser und räkeln uns anschließend auf der Matte in der Sonne, bevor wir die Tour fortsetzen. Wir verlassen den Badestrand auf der kleinen Zu

Der Altrheinsee entstand durch Förderung von Kies und Sand. Grundwasser und etwas Oberflächenwasser gewährleisten einen weitgehend stabilen Wasserstand und eine vielfältige Flora und Fauna.

# Erfrischungstour 19

fahrtsstraße nach rechts. Kurz bevor wir an der Schranke vorbeigehen, können wir uns an der Tafel auf der linken Seite über die Sand- und Kiesgewinnung informieren.

Dann setzen wir unseren Weg noch etwa 100 Meter bis zur L 437 fort. Wir überqueren sie und folgen dem gegenüberliegenden Weg noch etwa 150 Meter. Dort queren Bahnschienen die kleine Straße – doch links und rechts der Straße hören sie nach wenigen Metern auf. Neugierig geworden durch die Bahnschienen, biegen wir links in den Weg ein. Er ist in der Mitte leicht erhöht, doch links und rechts des von Büschen gesäumten Weges werden blauschwarze Schottersteine immer häufiger. Wir hatten uns bereits über Schotter auf einem Pfad zu Beginn der Wanderung gewundert und merken jetzt, dass wir denselben Pfad von der anderen Richtung aus beschreiten.

Wir genießen die gelegentlichen Ausblicke zu unserer rechten Seite, wo wir über die ruhigen Wasserflächen und das Schilfgelände blicken können. Schließlich wird der Bewuchs links und rechts des Pfades etwas dichter, auch Bäume säumen unseren Weg. Kurz darauf liegt vor uns mitten auf dem Pfad ein kleines umzäuntes Stück Bahndamm mit Schienen und Schotter. An einer Tafel erfahren wir, dass wir auf einem ehemaligen Bahndamm wandeln. Wir blicken auf das Schließbauwerk Bahndamm ❽, über das Wasser aus dem Seegraben in den Altrhein eingeleitet oder in Richtung Rhein abgeleitet werden kann.

Nach 200 Metern erblicken wir auf der rechen Seite die Beobachtungshütte vom Beginn unserer Tour und kurz darauf unseren Wagen. Zum Glück tut sich in der Buschreihe eine Lücke zum Abkürzen auf. Über drei Holzbalken wagen wir uns vorsichtig auf die andere Seite zu unserem Wagen.

Zum Abschluss lockt ein schönes Restaurant am Eicher See. Wir fahren an der Feuerwehr vorbei zur Osthofener Straße, der wir nach links folgen. Am Ende der Linkskurve biegen wir nach 300 Metern nach

Viele Bahnstrecken in Rheinhessen wurden im letzten Jahrhundert stillgelegt. Teilweise wurden sie sich selbst überlassen oder rückgebaut. Doch oft wurden sie zu einem Radweg oder einem Wanderweg umgestaltet.

Erfrischungstour 19

Der Eicher See ist ein Baggersee mit Zugang zum Rhein. Nach und nach entwickelte sich ein großes Wochenend- und Erholungsgebiet.

rechts auf die **Hauptstraße.** Nach etwa 600 Metern erreichen wir das Ende des alten Ortskerns, biegen an der Kreuzung nach links in die **Rheinstraße** und folgen dem Hinweisschild zur **Wochenendsiedlung Eicher See.** Die sehr schmale Straße führt uns hinaus aus Eich, nach rechts weiter und dann immer geradeaus. Nach einer Rechtskurve fahren wir kurz an einem Damm entlang, über ihn hinüber und dann immer weiter in der Wochenendsiedlung. Wir folgen den Hinweisschildern zum **Restaurant Zum Eicher See** ❾, bis die Straße links abbiegt und dann letztendlich zu einem Parkplatz direkt vor dem **Restaurant** führt. Hier genießen wir auf der Terrasse ein Winzersteak und den Blick zum Eicher See auf den kleinen Jachthafen.

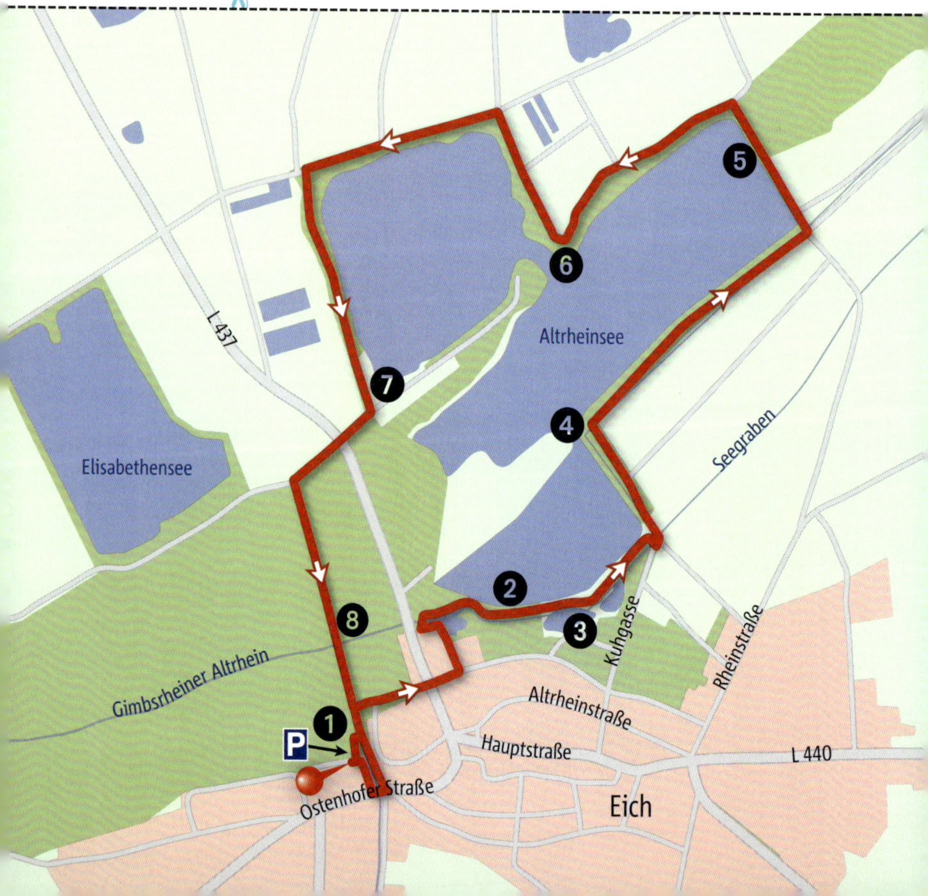

Alles auf einen Blick

WIE & WANN:
Landwirtschaftliche Wege und ein Strand; Wanderzeit von April bis Oktober.

HIN & WEG:
Auto: Parkplatz am Feuerwehrhaus Eich, Osthofener Str. 41, 67575 Eich
(GPS: 49.749713, 8.395776),
ÖPNV: Von Mainz oder Worms mit S 6/RB bis Bahnhof Guntersblum,
dann Bus 432 bis Eich Gasthaus Gutjahr; Zuweg über Osthofener Straße

ESSEN & ENTSPANNEN:
Badestrand Altrheinsee (Badesee Eich) ❼ L 437 in Richtung Gimbsheim, 67575 Eich,
www.vg-eich.de (während der Badesaison 9–20 Uhr)
Restaurant Zum Eicher See ❾ Eulenplatz 1, 67575 Eich, Neueröffnung für 2022 geplant,
Alternative: Die kleine Kneipe am Eicher See, Rheinpromenade 46, 67575 Eich, Hinweisschildern folgen

ENTDECKEN & ERLEBEN:
Strandmatte und Badebekleidung einpacken!
Beobachtungshütte Schilfröhricht ❶
Südlicher Altrheinsee ❷
Jägerloch ❸
Beobachtungshütte Altrheinsee ❹
Beobachtungsturm Altrheinsee und Meerwasser ❺
Nördlicher Altrheinsee ❻
Schließbauwerk Bahndamm ❽

Entspannung ✹✹✹✹✹
Genuss ✹✹✹✹✹
Romantik ✹✹✹✹✹

Erfrischungstour 20

Wir starten am Kriegerdenkmal vor dem Bahnhof Monsheim. Wir gehen auf die Denkmalstraße und biegen an der kreuzenden Grabenstraße nach rechts. Nach der evangelischen Kirche gehen wir ein kurzes Stück auf der Ernst-Ludwig-Straße nach links, dann nach rechts auf die Hauptstraße und biegen links in die Mühlstraße. Unmittelbar vor der kleinen Brücke über die Pfrimm nutzen wir rechts einen Durchgang, um auf einem kleinen Pfad entlang des kleinen Flüsschens zu spazieren.

Barfußpfad im Pfrimmgarten

Wir erreichen den liebevoll angelegten Pfrimmgarten ❶ mit einem kleinen Häuschen und mehreren Bänken. Flanierend erkunden wir den Garten und entdecken Bänke zum Ausruhen, ein Insektenhotel und eine Tischtennisplatte. Immer wieder liegen Tonziegel oder Steine mit kleinen Weisheiten auf dem Boden. An dem Barfußpfad können wir nicht widerstehen. Wir ziehen Schuhe und Socken aus und tasten uns vorsichtig über verschiedene Bodenmaterialien wie Holzspäne, Kieselsteine und Sand.

Durch Barfußlaufen werden Sinne und Bewegungskompetenz geschärft, gleichzeitig kann man aber auch besonders gut entspannen.

Wir verlassen den Pfrimmgarten, wenden uns auf dem Bürgersteig der Straße An den Mühlen nach links und überqueren die Pfrimm. Nach einem Weinberg biegen wir links zum Weingut Milch ab und gelangen rechts an ihm vorbei an die Pfrimm. Wir genießen es,

Natur im Tal
An der Pfrimm im Zellertal

# Erfrischungstour 20

zwischen den Schrebergärten auf der einen und der Pfrimm auf der anderen Seite gemütlich unsere Füße aufzusetzen. Fast möchte man wieder barfuß laufen, aber wir behalten die Schuhe doch lieber an. Schließlich biegen wir auf dem Weg nach rechts und gehen bis hoch zur Straße. Nach 100 Metern folgen wir auf der linken Seite einem Hinweisschild zum Parkplatz der Verbandsgemeindeverwaltung Monsheim.

Kurz darauf betreten wir durch ein großes Tor den Innenhof der Anhäuser Mühle aus dem 18. Jh. Seit den 1980er-Jahren ist hier die Verbandsgemeinde Monsheim untergebracht. An der Seite fasziniert uns ein Brunnen mit einer Frauenfigur, die in einer Schale das Wasser auffängt. Eine Zeit lang lauschen wir dem Plätschern des Brunnens, dann verlassen wir den Innenhof durch ein weiteres Tor an der rechten Seite des Hauptgebäudes.

Auf der Zufahrt erreichen wir die Alzeyer Straße. Ein Stück weiter oberhalb wechseln wir an der Ampelan-

Durch den Fund mehrerer Gräber in der Nähe von Monsheim entdeckte man die Hinkelstein-Kultur, benannt nach einem Hinkelstein (Menhir) am Fundort.

Anhäuser Mühle

An der Pfrimm im Zellertal

lage auf den Bürgersteig der anderen Seite. Ein Wegezeichen des Zellertalwegs mit einem „Z" vor grünem und blauen Hintergrund weist uns den Durchgangweg von der Alzeyer Straße über einen Parkplatz zur Lessingstraße, die ein Stückchen oberhalb in die Nieder-Flörsheimer Straße übergeht. Am Ortsausgang biegen wir links in die Mölsheimerstraße, die zu einem Feldweg wird. Neben einer Bank zeigt uns ein Wegezeichen des Zellertalwegs die Richtung, und so schreiten wir zügig zwischen Weinbergen für etwa 600 Meter auf dem Feldweg entlang. Kurz nach einem runden Weinbergshäuschen am Wegesrand führt eine Brücke über eine Eisenbahnlinie. Direkt nach der Brücke verlassen wir vorübergehend den Zellertalweg, biegen rechts ab und bleiben auf dem Feldweg parallel zur Eisenbahnböschung. Bei der übernächsten Gelegenheit biegen wir links in den querenden Feldweg und gehen bis zur nächsten Einmündung. Hier wenden wir uns nach rechts und gehen leicht aufwärts durch die Weinberge, wobei wir zwischendurch die K 34 überqueren.

Nach etwa 700 Metern machen wir einen kurzen Links-rechts-Wechsel und gehen für einen Abstecher noch 250 Meter leicht aufwärts, bevor wir für wenige Meter nach links zu einem weiteren Trullo ❸ abbiegen. Leicht erhöht auf einer Böschung bietet dieses Rundhaus eine wunderbare Aussicht. Ein Winzer hat vor wenigen Jahren das runde Wingertshäuschen mit 32 Tonnen Bruchsteinen erbaut. Besonders erfreut sind wir über eine Tischgruppe mit Bänken. Wir setzen uns und holen unsere Brotzeit aus dem Rucksack. Gemüt-

 Für die Seele

An der südlichen Grenze Rheinhessens genießen wir die Ruhe und die Atmosphäre des Zellertals.

Erfrischungstour 20

lich vespernd und dem Hügel den Rücken zugekehrt, genießen wir den Ausblick auf den Trullo und die Rheinebene. Danach gehen wir die 250 Meter zurück bis zur Abbiegung und wenden uns nach rechts.

Wir folgen dem Weg hinauf, bis wir zu einem einsamen Baum kommen, wo der betonierte Weg in einen steinigen Feldweg übergeht. Oben weitet sich unser Ausblick auf die Rheinebene und den gegenüberliegenden Odenwald nochmals. Wir biegen an dem Baum nach links und stoßen nach etwa 350 Metern wieder auf den Zellertalweg mit einem Wegezeichen. Jetzt genießen wir beim Schlendern auf der Höhe die Sicht über das Rebenmeer links und rechts von uns und über das Zellertal. Vor uns liegt das Örtchen Mölsheim mit zwei markanten Kirchenbauten im Tal. Nach etwa 750 Meter biegen wir mit dem Wegezeichen des Zellertalwegs hinunter in die Ortschaft. Durch einen kleinen Hohlweg schreitend erreichen wir die Straße Kalkofen, die uns zur Ortschaft führt. Nach etwa 200 Meter verlassen wir den Zellertalweg und biegen für kurze Zeit nach rechts in die Hahlgasse, bevor wir uns links in die Straße Hinter der Kirche wenden. An der Böschung entlang und vorbei an der evangelischen Kirche spazieren wir etwa knapp 500 Meter oberhalb der Ortschaft entlang.

Unser Blick reicht im Osten über das Zellertal und sogar bis in die Ferne zum Donnersberg. Schnell können wir auch die katholische Kirche St. Ägidius erblicken, an der vorbei wir hinunter zur Hauptstraße von Mölsheim gelangen. Wir überqueren die Hauptstraße und gelangen in der Ortschaft zur Weinrast Mölsheim ❹. Am Ausschank gönnen wir uns ein Glas Wein und einen kleinen Imbiss, um uns dann an der Mauerbrüstung niederzulassen. Hier im Aegidiuspark genießen wir für einige Minuten die Ruhe und die Aussicht auf die Rheinebene und das Zellertal. Wir setzen unsere Wanderung rechts von der Weinrast fort und folgen dem Wegezeichen des Zellertalwegs auf einen kleinen Weg parallel zur Weinrast hinunter. Das Wegezeichen

Schwengelpumpe am Naturpfad

An der Pfrimm im Zellertal

führt uns parallel am Hang entlang und dann ins Tal hinunter.

Nach etwa 450 Meter erreichen wir einen Naturpfad ❺, dem wir entlang eines kleinen Bächelchens folgen. Feldwege führen quer über unseren Pfad und das Bächelchen, und neben einer Durchfahrt können Fußgänger über Tretsteine hinübergelangen. Der Boden wird immer feuchter, und der Schilfröhricht immer dichter. Zwischen Schilfröhricht hindurch erreicht der Pfad eine Bankgruppe und eine Schwengelpumpe. Wir pumpen ein wenig und nutzen das Wasser zum Erfrischen. Für ein paar Augenblicke lassen wir auf einer Bank unser Gesicht in der Sonne trocknen.

Als wir unseren Weg fortsetzen, entschließen wir uns zu einem Schlenker nach Wachenheim hinein, und biegen gleich auf dem Querweg nach rechts, um wenige Meter später zwischen zwei eingezäunten Grundstücken auf einem kleinen Weg bis zur Pfrimm weiterzugehen. Rechts, entlang der Pfrimm auf der einen und neben Pferdekoppeln auf der anderen Seite, gelangen wir zur Mühlgasse. Auf ihr überqueren wir die Pfrimm und gehen nach Wachenheim hinein hoch bis zur Hauptstraße und biegen auf ihr links ab.

Wir sind hier am südlichen Ende von Rheinhessen, und nur wenig weiter im Westen sowie im Süden beginnt die Pfalz. Aufgrund der günstigen Lage im fruchtbaren Tal gab es einige Befestigungen in Wachenheim, doch erhalten ist nur die Oberburg ❻. Dominiert wird die sich jetzt als „Schlossgut Lüll" in privater Hand befindliche Schlossanlage an der Hauptstraße durch den mittelalterlichen, sechs Stockwerke und 25 Meter hohen Bergfried, der als Wohnturm genutzt wurde. Durch das offene Hoftor gelingt uns ein Blick hinein und auf die große Anlage.

Am Ende der Hauptstraße gelangen wir links über die Johannes-Würth-Straße (K 1) wieder zur Pfrimm hinunter. Hinter der Pfrimm-Brücke biegen wir rechts in die kleine Straße und folgen wieder dem Wegezeichen

Erfrischungstour 20

Mölsheim

des Zellertalwegs. Wir schlendern an der urwüchsigen Pfrimm entlang und nutzen kurz vor der Neumühle eine Gelegenheit, um vorsichtig zum Ufer der Pfrimm ❼ hinunterzugehen und auf einem Baumstamm die idyllische Atmosphäre zu genießen. Wir gehen wieder auf den Weg, und an der Neumühle wechselt die Straße zu einem Feldweg. Vogelzwitschern begleitet uns. Die Pfrimm macht einen Bogen und öffnet somit den Raum für das Naturschutzgebiet.

Rund 700 Meter nach der Neumühle überqueren wir die Pfrimm auf einer Brücke und setzen unseren Weg auf der anderen Seite fort. Kurz darauf verbreitert sich für 500 Meter das Ufergelände, und die Pfrimm mäandert durch die Landschaft. Das Wegezeichen leitet uns nach links. Vor einer kleinen Fußgängerbrücke aus Beton befindet sich auf der linken Seite ein kleiner Rastplatz. Eine Tafel informiert uns über die Renaturierung der Pfrimm, ihren neuen Verlauf und die Neupflanzungen.

Anstatt die Brücke zu nehmen, folgen wir dem Wegezeichen des Zellertalwegs und gehen den kleinen Pfad in Richtung des hohen Eisenbahnviadukts. Ent-

Café Noisette im Bahnhof Monsheim

Erfrischungstour 20

lang des Pfades stehen Tafeln, die uns über die hier lebenden Vogelarten informieren. Gemütlich schlendern wir weiter, bis der Pfad nach etwa 500 Metern an einem Gehöft vorbeiführt und dort in eine kleine Straße mündet, die auf die Alzeyer Straße führt.

Wir gehen nach links bis zur Hauptstraße und folgen ihr etwa 300 Meter bis zur Denkmalstraße. Auf ihr gelangen wir zurück zum Bahnhof Monsheim. Die Wanderung hat unseren Appetit geweckt. Wir betreten das Café Noisette am Bahnhof ❽ und tauchen in eine kleine Genusswelt ein. Zum Ausklang genießen wir eine leckere Schokoladentorte und lassen den Tag Revue passieren.

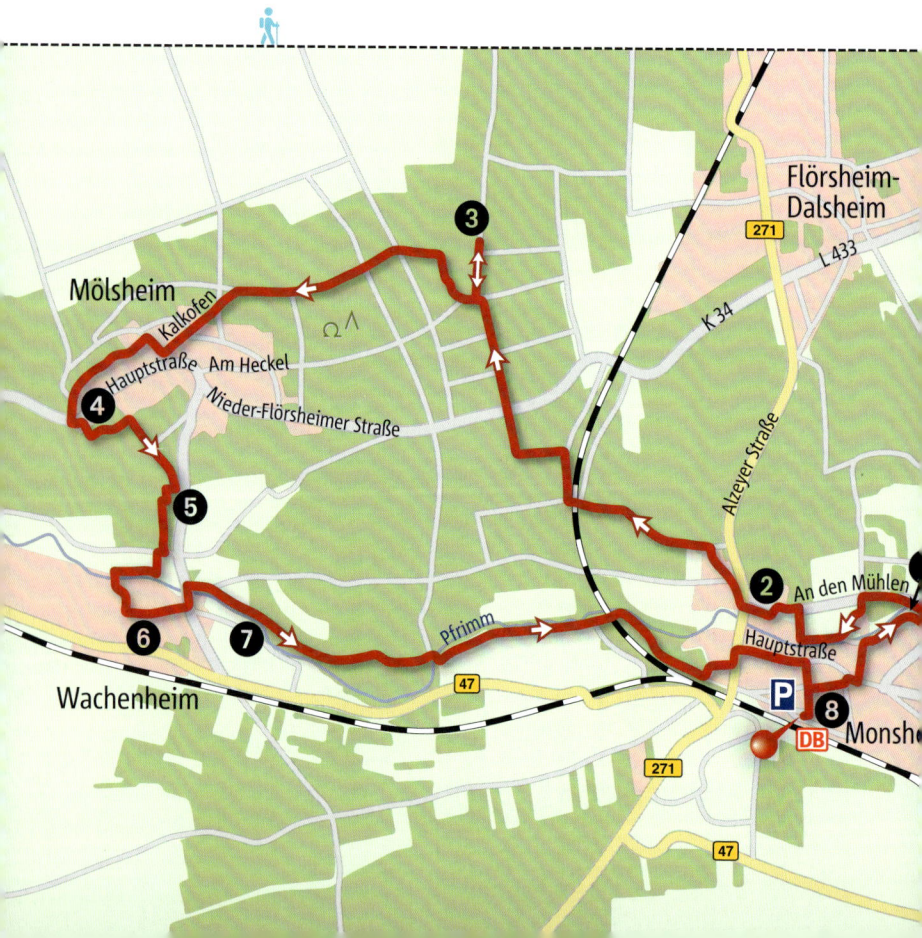